John F. Kennedy
Compte à Rebours jusqu'à la Mort.

Pourquoi Lee Harvey Oswald a tiré su JFK.

Chère lectrice, cher lecteur,

Bienvenue dans *John F. Kennedy : Compte à Rebours jusqu'à la Mort*. Je suis Claudio Bocchia, un écrivain passionné par les mystères historiques. Dans ce livre, nous plongeons dans les détails complexes et les récits intriqués qui ont précédé la mort tragique du président John F. Kennedy en 1963. En examinant chaque moment crucial qui a mené à ce jour fatidique, nous cherchons à éclaircir les mystères qui ont déconcerté aussi bien les historiens que les théoriciens du complot.

Ce qui distingue ce livre des innombrables ouvrages écrits sur l'assassinat de JFK, c'est qu'il ne s'agit PAS de Kennedy lui-même. Il suit plutôt le parcours d'un homme troublé en quête de liberté—pour lui-même et pour sa famille. Préparez-vous à naviguer à travers une tapisserie d'intrigues, de politique, de drame humain et de bureaucratie, alors que nous reconstituons les événements qui ont changé à jamais le cours de l'histoire.

Vos retours sont extrêmement précieux pour moi, et j'aimerais beaucoup connaître vos impressions. Les avis des lecteurs jouent un rôle crucial pour aider d'autres personnes à découvrir ce livre. Si vous avez apprécié votre lecture, merci de bien vouloir partager votre expérience—cela me ferait grand plaisir et m'aiderait énormément.

J'espère que vous prendrez autant de plaisir à lire ce livre que j'en ai eu à l'écrire.

Merci, et bonne lecture !

Claudio Bocchia

Table des Matières

Avant-propos.

Chère lectrice, cher lecteur,

Bienvenue dans ce livre qui explore l'une des plus grandes tragédies du 20ème siècle. Était-ce un complot ? Était-ce un assassinat ? Et pour quelle raison ? Tant de questions restent sans réponse, même si les théories les plus folles ont circulé avec le temps. L'une des clés pour comprendre ce qui s'est réellement passé lors de l'assassinat de John Fitzgerald Kennedy est de revisiter tous les événements qui ont précédé ce coup de feu fatal.

Dans ces pages, nous explorerons les détails minutieux et les récits complexes qui ont précédé la mort du président John F. Kennedy. En examinant les moments, les décisions et les circonstances qui ont abouti à ce jour tragique, nous visons à éclairer les mystères qui ont déconcerté les historiens et les théoriciens du complot.

Préparez-vous à naviguer à travers une tapisserie d'intrigue, de politique, de drame humain (et de bureaucratie), alors que nous reconstituons les événements qui ont changé à jamais le cours de l'histoire.

L'Assassinat de JFK : Un Prélude à la Tragédie.

Date : 22 novembre 1963.

Heure : 12h30.
Ville : Dallas.
État : Texas.

Le soleil brillait intensément sur Dallas le 22 novembre 1963, alors que le cortège du président John F. Kennedy traversait les foules enthousiastes rassemblées le long des rues. L'atmosphère était électrique d'anticipation, une ville unie dans son excitation à apercevoir le leader charismatique. Dans la voiture de tête, le président Kennedy et sa femme, Jacqueline, étaient assis avec le gouverneur John Connally et sa femme, Nellie, leurs visages radieux alors qu'ils saluaient les spectateurs.

Juste derrière se trouvait la voiture de suivi du Secret Service, une forteresse sur roues, chargée de la solennelle mission de protéger le Président. Parmi les agents dans la voiture se trouvaient Clint Hill, Paul Landis et John Ready. Chaque agent était méticuleusement positionné, prêt à intervenir à la moindre menace de danger. L'air était rempli des sons des acclamations, entrecoupés de temps en temps par le pétaradement d'un moteur de moto, ajoutant à la cacophonie de l'atmosphère festive.

La limousine du Président, une brillante Lincoln Continental de 1961, était un cabriolet à toit ouvert, offrant au public une vue dégagée sur le couple présidentiel. À côté du Président se trouvait Jacqueline Kennedy, son tailleur rose formant un contraste frappant avec le noir de la voiture. Le gouverneur Connally, assis devant le Président, et sa femme Nellie partageaient l'espace, tous absorbés par la vague d'adoration publique. Au volant se trouvait l'agent William Greer, avec l'agent Roy Kellerman à ses côtés sur le siège passager avant, les deux hommes vigilants et alertes.

13

Alors que le cortège motorisé tournait sur Elm Street, la scène joyeuse fut brisée par le bruit incontestable de coups de feu. Le premier tir retentit, initialement ignoré par beaucoup comme un pétard. Mais la confusion s'est rapidement transformée en horreur alors que d'autres tirs suivaient. Les acclamations de la foule se sont transformées en cris, et la panique s'est propagée comme une traînée de poudre. En ces brefs moments épouvantables, les destins de tous ceux présents à Dealey Plaza ont été irrévocablement modifiés.

Le cortège a brusquement accéléré, une tentative désespérée d'échapper au chaos qui se déroulait. Les agents du Secret Service ont réagi instantanément, certains sautant de leurs véhicules pour protéger le Président, d'autres balayant la zone à la recherche de la source de l'attaque. Clint Hill, sur le marchepied de la voiture qui suivait, s'est précipité vers la limousine du Président, son esprit uniquement concentré sur la protection des Kennedy.

Au milieu de cette belle après-midi, quelques secondes de violence ont transformé la scène en une tragédie historique. Les coups de feu qui ont retenti ont non seulement mis fin à la vie d'un leader bien-aimé, mais ont également envoyé des ondes de choc à travers la nation et le monde. Les répercussions des événements de ce jour seraient ressenties pendant des générations, chaque personne se souvenant précisément de ce qu'elle faisait à ce moment fatidique.

Le cortège a filé vers l'hôpital Parkland Memorial Hospital, mais les dégâts étaient faits. Le président Kennedy, touché par les balles de l'assassin, gisait immobile. Jacqueline Kennedy berçait le corps sans vie de son mari, son tailleur rose maintenant taché de sang. La scène était en contraste frappant avec l'image vibrante et pleine d'espoir d'à peine quelques minutes auparavant. Chaque battement de cœur dans le cortège était rempli d'un espoir désespéré que le président puisse survivre, mais la cruelle réalité s'est vite imposée.

Chaque personne présente ce jour-là à Dealey Plaza, chaque témoin de l'assassinat, a été marqué par le traumatisme de l'événement. C'était un moment qui s'est gravé dans la mémoire collective d'une nation, un moment de tristesse et de choc partagés. Partout dans le monde, la nouvelle de l'assassinat du Président s'est répandue rapidement, jetant un voile sur toute une époque.

Dans les conséquences, l'attention s'est tournée vers la compréhension des motivations derrière les actions de Lee Harvey Oswald. Pourquoi cet homme avait-il choisi de tuer le Président ?

L'histoire du 22 novembre 1963 ne concerne pas seulement la perte d'un président. C'est un récit de la fragilité humaine, de l'impact dévastateur des échecs personnels et des conséquences tragiques des actes désespérés. En repensant à ce jour, nous nous efforçons de comprendre les motivations derrière l'horreur, cherchant à donner un sens à l'insensé et à trouver des leçons au milieu de la tragédie.

Mais, revenons sur la séquence des événements.

La naissance de Lee Harvey Oswald.

Date : Mercredi, 18 octobre 1939.

Heure : Inconnue.
Ville : La Nouvelle-Orléans.
État : Louisiane.

Le mercredi 18 octobre 1939, La Nouvelle-Orléans a accueilli le monde avec un ciel calme et couvert. L'air était empli du parfum subtil de l'hiver qui approchait, se mêlant à l'arôme perpétuel des épices créoles qui persistait dans le Quartier Français. Dans ce décor d'une ville riche en histoire et en culture, un enfant est né qui deviendrait un jour tristement célèbre dans les annales de l'histoire américaine.

Dans une maison modeste, Marguerite Frances Claverie Oswald a donné naissance à son troisième fils, Lee Harvey Oswald. L'accouchement a été ardu, comme si cela présageait la vie tumultueuse qui attendait son nouveau-né. Robert Edward Lee Oswald Sr., son père, était tragiquement décédé deux mois auparavant, laissant Marguerite faire face aux défis d'élever ses enfants seule. Cette perte précoce a imprégné le foyer Oswald d'une atmosphère de tristesse et de résilience, façonnant l'environnement dans lequel le jeune Lee allait grandir.

La maison des Oswald était simple, reflet de la lutte de Marguerite pour joindre les deux bouts. Les murs, usés et vieillis, renfermaient en eux les échos d'une famille qui s'efforçait de trouver sa place dans une Amérique d'après-guerre. La force et la détermination de Marguerite étaient le socle du foyer, bien que son comportement sévère masquait souvent une profonde vulnérabilité. Ses efforts pour subvenir aux besoins de ses fils étaient inlassables, ses sacrifices nombreux, mais le poids de la perte et de la responsabilité pesait souvent lourdement sur ses épaules.

En tant que nouveau-né, Lee était un être fragile et délicat, ses pleurs se mêlant aux sons lointains du jazz qui flottaient dans les rues de la Nouvelle-Orléans. La culture vibrante de la ville, une tapisserie de musique, de cuisine et de communautés diverses, contrastait fortement avec les débuts sombres de la vie de Lee. Sa naissance, ce jour d'octobre, était un événement discret, inaperçu par le monde au-delà du petit cercle de famille et de voisins.

Marguerite, une femme à la volonté indomptable, a fait face à la tâche ardue d'élever seule ses enfants dans un tel environnement. Son approche de la parentalité était marquée par une discipline stricte et de grandes attentes, mais sous son extérieur sévère se cachait un amour profond pour ses enfants. Elle leur a inculqué un sens de la persévérance et de la survie, des traits que Lee porterait avec lui tout au long de sa vie, pour le meilleur ou pour le pire.

Oswald fréquente l'école Lily B. Clayton.

Date : 7 janvier 1947.

Heure : Inconnue.
Ville : Fort Worth.
État : Texas.

Le mardi 7 janvier 1947, un nouveau chapitre a commencé dans la jeune vie de Lee Harvey Oswald lorsqu'il a franchi les portes de l'école Lily B. Clayton à Fort Worth, Texas. Les enfants, emmitouflés dans des manteaux et des écharpes, se dirigeaient vers l'école, leur souffle visible dans l'air froid, tandis que les parents se dépêchaient pour leurs routines quotidiennes.

Lee Harvey Oswald, un garçon de 8 ans, n'était pas étranger au changement. Sa vie avait été une série de mouvements, chaque nouvelle adresse étant un répit temporaire face à l'instabilité qui marquait son éducation. Cette fois, c'était Fort Worth, une ville riche de sa propre histoire et de son caractère, qui serait le théâtre de sa saga continue d'enfance et de jeunesse. La ville, avec son mélange d'héritage occidental et de développement moderne, se tenait comme un témoin silencieux des luttes personnelles de ses habitants.

L'école Lily B. Clayton était un bâtiment en brique qui dégageait un sentiment de permanence et d'ordre, un contraste frappant avec la vie chaotique qu'Oswald connaissait souvent. À l'intérieur, les couloirs résonnaient des bruits de pas et de rires, une cacophonie d'exubérance juvénile qu'Oswald trouvait à la fois accablante et isolante. Il parcourait les couloirs avec un sentiment de détachement, ses yeux absorbant les nouveaux environnements tandis que son esprit luttait avec des sentiments familiers de déplacement.

La présence d'Oswald à l'école Lily B. Clayton était marquée par une intensité silencieuse. Il était un garçon de peu de mots, son silence souvent pris pour de la timidité ou de l'indifférence. Mais ceux qui regardaient de plus près voyaient le courant sous-jacent de défi et l'intelligence aiguë qui se cachait derrière son comportement réservé. Ses enseignants notaient son potentiel académique, mais c'était son comportement qui suscitait souvent leur inquiétude. Il y avait en lui une agitation, une veine rebelle qui se manifestait dans des actes subtils de défiance contre la structure rigide de la vie scolaire.

Dans la salle de classe, les performances d'Oswald étaient une étude de contrastes. Il pouvait être attentif et engagé, montrant une compréhension remarquable des sujets qui l'intéressaient. Pourtant, tout aussi rapidement, il pouvait devenir renfermé, son attention dérivante alors qu'il regardait par la fenêtre, perdu dans des pensées bien éloignées des leçons en cours. Les efforts de ses enseignants pour l'atteindre ont rencontré des degrés de succès variables, leurs encouragements entrant souvent en conflit avec son tourment intérieur.

L'aire de jeux, un lieu de camaraderie et de jeux pour la plupart des enfants, était une autre arène où les difficultés d'Oswald étaient évidentes. Il avait du mal à se connecter avec ses pairs, ses tentatives d'interaction sociale se terminant souvent par de la frustration ou des malentendus. Les autres garçons et filles, sentant sa différence, gardaient souvent leurs distances, laissant Oswald naviguer seul dans le paysage social. Cette isolation n'a fait qu'approfondir son sentiment d'aliénation, renforçant sa perception d'être un outsider.

Marguerite Oswald, la mère de Lee, a joué un rôle significatif dans sa vie pendant ces années. Féroce protectrice et souvent autoritaire, elle cherchait à le protéger des dures réalités de leurs circonstances tout en imposant simultanément ses propres attentes et exigences. Son influence était une épée à double tranchant, offrant à la fois du soutien et de la pression, façonnant le développement de Lee de manière à la fois nourrissante et contraignante. Elle était une présence constante, ses propres luttes et détermination se reflétant dans la façon dont elle gérait la vie de son fils.

Fort Worth en lui-même, avec son mélange unique de culture et d'histoire, offrait une toile de fond aussi dynamique que le monde intérieur d'Oswald. Les rues de la ville, bordées d'un mélange de bâtiments de style western ancien et d'établissements modernes, peignaient l'image d'un lieu en transition. Ce sentiment de transition reflétait le propre voyage d'Oswald, un chemin semé d'incertitudes et de défis.

Les enseignants de l'école Lily B. Clayton, bien qu'au courant du potentiel d'Oswald, étaient souvent désemparés quant à la meilleure façon de le soutenir. Ils reconnaissaient l'étincelle brillante d'intelligence dans ses yeux, mais ils étaient tout aussi conscients des ombres qui semblaient obscurcir son jeune esprit. Leurs efforts pour fournir un environnement stable et nourrissant étaient parfois contrariés par la résistance d'Oswald et la nature imprévisible de sa vie à la maison.

Au fur et à mesure que les semaines se transformaient en mois, le temps passé par Oswald à l'école Lily B. Clayton est devenu une série de hauts et de bas. Il y avait des moments de réussite, où il excellait dans ses études et se connectait brièvement avec ses pairs. Ces succès éphémères, cependant, étaient souvent éclipsés par des épisodes d'absentéisme et de problèmes de comportement. Ses enseignants, bien qu'engagés dans son éducation, se trouvaient confrontés à la complexité de ses besoins et aux barrières qu'il érigeait autour de lui.

Malgré les difficultés, il y avait des lueurs d'espoir. Certains enseignants ont réussi à percer ses défenses, lui offrant encouragement et compréhension. Ces rares connexions ont offert à Oswald un bref répit de ses combats internes, des moments où il pouvait simplement être un enfant qui apprend et grandit. Pourtant, ces moments étaient fragiles, facilement perturbés par le tumulte qui semblait le suivre partout où il allait.

Les expériences d'Oswald à l'école Lily B. Clayton étaient un microcosme de son parcours de vie plus large. Les luttes, les moments de connexion, la défiance et le potentiel se sont tous cristallisés en une période formatrice qui aurait un impact durable sur lui. Les couloirs de l'école, les salles de classe et la cour de récréation étaient des témoins silencieux de la formation d'un garçon qui serait un jour connu du monde entier pour des raisons bien éloignées de ces premières luttes.

La probation d'Oswald et ses problèmes de comportement.

Date : 7 mai 1953.

Heure : Inconnue.
Ville : New York City.
État : New York.

Un jeudi tranquille, le 7 mai 1953, le jeune Lee Harvey Oswald a entamé une période tumultueuse. Cette période, surveillée par les yeux attentifs de l'agent de probation John Carro, a été marquée par des problèmes récurrents d'absentéisme et de comportement, dressant un portrait complexe d'un garçon en conflit avec son monde.

New York, une métropole animée avec son mélange de cultures diverses et ses structures imposantes, a fourni la scène pour les luttes adolescentes d'Oswald. Les rues de la ville, bordées à la fois de monuments historiques et de signes de progrès modernes, semblaient refléter le conflit intérieur d'Oswald lui-même - un conflit entre la rébellion et la recherche d'identité.

Marguerite Oswald, la mère de Lee, se tenait comme une figure résolue au milieu de ce tumulte. Son rôle à la fois de protectrice et de disciplinaire la plaçait souvent dans une position difficile. Le poids de la monoparentalité pesait lourdement sur elle, ses interactions avec les autorités étaient teintées de défense et de frustration. Elle voyait en Lee un garçon incompris, perdu dans un monde trop prompt à juger ses actions sans comprendre leurs racines.

Les années scolaires de Lee Harvey Oswald pendant cette période ont été marquées par de fréquentes absences. L'absentéisme est devenu sa protestation silencieuse contre un système dont il se sentait aliéné. Les couloirs de l'école, souvent, ne voyaient pas Oswald, sa présence étant plus spectrale que réelle. Chaque absence était un pas de plus loin de la structure à laquelle il résistait si profondément. En conséquence, Oswald a été mis en probation académique.

John Carro, chargé de superviser la probation d'Oswald, faisait face à une tâche redoutable. Ses rapports de ces années reflètent une lutte persistante pour se connecter avec un garçon qui semblait constamment au bord de la défiance. Le rôle de Carro nécessitait un équilibre entre autorité et compréhension, un équilibre qui était souvent difficile à maintenir face au comportement erratique d'Oswald.

Les interactions entre Oswald et Carro étaient chargées de tension. L'approche méthodique de Carro à la probation, enracinée dans la conviction que la cohérence et la structure pouvaient réhabiliter, se heurtait à la résistance innée d'Oswald à l'autorité. Chaque rencontre était une bataille de volontés, un test d'endurance entre la résolution inébranlable de Carro et l'esprit rebelle d'Oswald.

Au sein de la famille Oswald, l'atmosphère était constamment tendue. Les tentatives de Marguerite pour maintenir l'ordre entraient souvent en conflit avec le sens croissant d'autonomie de Lee. Ses instincts protecteurs, bien qu'avec de bonnes intentions, étouffaient parfois l'indépendance qu'il désirait. Leur relation, marquée par un amour profond mais aussi par un profond malentendu, ajoutait une autre couche à l'adolescence complexe d'Oswald.

Les dossiers scolaires de cette époque révèlent un garçon dont le potentiel était éclipsé par ses problèmes de comportement. Les enseignants notaient son intelligence, sa capacité à comprendre des sujets complexes, mais ils étaient tout aussi exaspérés par ses absences fréquentes et son désengagement. Les efforts pour l'impliquer dans les activités scolaires rencontraient souvent de la résistance, chaque initiative tombant à plat face à son sentiment d'aliénation grandissant.

Les terrains de jeux et les salles de classe de New York, où se forgeaient des amitiés et se développaient des compétences sociales, étaient souvent des champs de bataille pour Oswald. Ses interactions avec ses pairs étaient tendues, marquées par des malentendus et des conflits. Le sentiment d'isolement qui le tourmentait était à la fois une cause et un effet de son comportement, un cycle qui semblait difficile à briser.

Au fur et à mesure que les mois se transformaient en années, le schéma d'absentéisme et de défiance d'Oswald devenait de plus en plus ancré. Les rapports de Carro continuaient de documenter les luttes en cours, chaque entrée étant un témoignage des défis de guider un garçon qui résistait à l'orientation. Pourtant, au milieu du tumulte, il y avait des moments de clarté - de brefs aperçus du potentiel d'Oswald, des instances fugaces où son intelligence brillait à travers les ombres de sa rébellion.

Oswald fréquente le collège Beauregard Junior.

Date : Vendredi, 13 janvier 1954.

Heure : Inconnue.
Ville : New Orleans.
État : Louisiane.

Le vendredi 13 janvier 1954, les rues animées de la Nouvelle-Orléans étaient vivantes avec les bruits de la vie quotidienne. Au milieu de ce paysage urbain vibrant, Lee Harvey Oswald a commencé un autre chapitre de sa jeune vie, en franchissant les couloirs du collège Beauregard Junior High School.

La Nouvelle-Orléans, une ville imprégnée d'histoire et de culture, offrait un décor unique pour les années d'adolescence d'Oswald. Le Quartier Français, avec ses balcons en fer forgé et ses rues pavées, peignait un tableau de charme et de résilience. Cette ville, avec son mélange d'ancien et de nouveau, était un lieu de contrastes qui reflétait les luttes internes de ses jeunes habitants.

Lee Harvey Oswald, alors juste un garçon de quatorze ans, est entré à Beauregard Junior High School portant le poids d'un passé turbulent. Sa mère, Marguerite Oswald, avait une fois de plus déraciné la famille, cherchant un nouveau départ dans une ville qui promettait de nouvelles opportunités. Pourtant, pour Lee, chaque nouveau départ était un rappel de l'instabilité qui avait marqué son enfance.

Beauregard Junior High, un imposant bâtiment en brique, se dressait comme un phare de l'éducation et de l'ordre au milieu du chaos dynamique de la Nouvelle-Orléans. À l'intérieur de ses couloirs, les bavardages des élèves et le tintement des cloches créaient une toile de fond rythmée pour le train-train quotidien de la vie scolaire. Pour Oswald, ces sons étaient à la fois familiers et étrangers, un rappel constant de son existence éphémère.

La présence d'Oswald à Beauregard Junior High était remarquée par ses enseignants et ses pairs. C'était un garçon de peu de mots, son comportement marqué par une intensité silencieuse qui le distinguait. Ses performances académiques fluctuaient, reflétant les incohérences de sa vie familiale. Les enseignants voyaient des aperçus de son potentiel, mais ils étaient souvent éclipsés par ses problèmes de comportement et ses absences fréquentes.

Dans la salle de classe, l'intelligence d'Oswald était évidente. Il possédait un esprit vif, rapide à saisir des concepts complexes et à s'engager avec du matériel difficile. Cependant, son engagement était sporadique, son attention se détournant souvent vers le monde extérieur à travers les fenêtres de la salle de classe. Ses enseignants, reconnaissant son potentiel, étaient simultanément frustrés par son manque de constance et les barrières qu'il érigeait autour de lui.

La dynamique sociale du collège, avec ses cliques et hiérarchies, n'a fait que souligner ses différences. Ses interactions avec ses pairs étaient marquées par un mélange de curiosité et de prudence. Il trouvait difficile de s'intégrer, son sentiment d'isolement s'approfondissant de jour en jour.

Marguerite Oswald, toujours la mère protectrice, a maintenu une surveillance vigilante sur les progrès de son fils. Ses interactions avec les autorités scolaires étaient teintées d'un mélange de défensive et de détermination. Elle voyait en Lee un garçon luttant contre les obstacles, un récit qu'elle partageait fréquemment avec quiconque voulait l'écouter. Son amour pour lui était indéniable, mais ses méthodes le laissaient souvent se sentir étouffé et incompris.

Au fur et à mesure que les mois se transformaient en année, le temps passé par Oswald à Beauregard Junior High continuait d'être une période de hauts et de bas. Il y avait des moments où il excellait, son intelligence transparaissant dans son travail. Ces succès, cependant, étaient éphémères, souvent éclipsés par des épisodes de défiance et de désengagement. Les efforts de ses enseignants pour le soutenir ont rencontré des résultats mitigés, leurs encouragements tombant parfois dans l'oreille d'un sourd.

La relation d'Oswald avec ses pairs est restée tendue. Le paysage social du collège, avec ses règles et attentes non dites, était un champ de mines qu'il naviguait avec prudence. Il était souvent en marge, observant plutôt que participant, son isolement étant une barrière protectrice contre les complexités de l'adolescence.

Déménagement à Fort Worth.

Date : 1er juillet 1956.

Heure : Inconnue.
Ville : Fort Worth.
État : Texas.

Un dimanche étouffant, le 1er juillet 1956, la ville de Fort Worth, au Texas, était sous le poids oppressant de la chaleur estivale. Le soleil brillait haut dans le ciel, projetant de longues ombres et créant des vagues de chaleur qui scintillaient sur le pavé. Dans ce décor brûlant, Marguerite Oswald, avec sa détermination habituelle, loua un appartement au 4936 Collingwood Street, marquant un autre changement significatif dans la vie de son fils, Lee Harvey Oswald.

L'appartement sur la rue Collingwood se tenait modestement au milieu d'une rangée de bâtiments similaires, son extérieur sans prétention, mais imprégné de la promesse d'un nouveau départ. Pour Marguerite, ce déménagement était une autre tentative pour trouver une stabilité pour sa famille, pour tailler un espace où ils pourraient recommencer à zéro. La façade en brique, usée et vieillie, semblait murmurer des histoires d'anciens locataires, de vies vécues et de rêves poursuivis entre ses murs.

Lee Harvey Oswald a abordé ce changement avec un mélange de résignation et d'espoir. Sa vie, caractérisée par un mouvement et un bouleversement constant, lui avait appris à s'adapter rapidement à de nouveaux environnements. Pourtant, chaque nouvelle adresse portait en elle le souhait silencieux de permanence, l'espoir que cette fois, les choses pourraient être différentes. L'appartement sur Collingwood Street était un nouveau chapitre, un qui offrait le potentiel de stabilité au milieu du chaos de son adolescence.

L'intérieur de l'appartement était épuré, ses pièces remplies des strictes nécessités. Marguerite, toujours pratique, avait veillé à ce que l'espace soit fonctionnel, sinon luxueux. Les meubles, une collection dépareillée de pièces acquises au fil des années, témoignaient d'une vie vécue en fragments, chaque objet étant un testament de la résilience nécessaire pour continuer à avancer. La cuisine, avec sa petite fenêtre donnant sur un carré de verdure, était un endroit où Marguerite espérait créer une apparence de normalité, où les repas pourraient être partagés et les conversations pourraient couler.

La chambre de Lee, un espace petit mais adéquat, est devenue son sanctuaire. Les murs, encore nus et attendant d'être ornés de touches personnelles, résonnaient du potentiel de nouveaux départs. C'est ici que Lee se retirait, ses pensées se tournant souvent vers l'intérieur, reflétant la complexité de son monde intérieur. La fenêtre de sa chambre offrait une vue sur la rue en dessous, un rappel constant du monde extérieur et de la vie qui se déroulait au-delà des limites de ses luttes personnelles.

Fort Worth, avec ses rues animées et sa communauté vibrante, offrait à la fois distraction et inspiration. Le rythme de la ville, un mélange de prévisible et de spontané, reflétait le propre voyage de Lee. Il passait des heures à errer dans les quartiers, observant l'interaction de la vie et les nuances subtiles de l'interaction humaine. Ces promenades sont devenues une forme d'évasion, un moyen de traiter la myriade d'émotions qui tourbillonnaient en lui.

La relation de Marguerite avec Lee, toujours intense et complexe, a pris de nouvelles dimensions dans leur appartement de Collingwood Street. Elle était farouchement protectrice, son amour pour lui se manifestant souvent par des règles strictes et des attentes élevées. Lee, oscillant entre l'adolescence et l'âge adulte, peinait à concilier son besoin d'indépendance avec la présence autoritaire de sa mère. Leurs interactions, un mélange d'affection et de friction, étaient une danse de deux volontés fortes cherchant chacune à trouver leur place dans les limites de leur existence partagée.

Lee Harvey Oswald abandonne le lycée et rejoint le Corps des Marines des États-Unis.

Date : Mercredi, 24 octobre 1956.

Heure : Inconnue.
Ville : Biloxi.
État : Mississipi.

Par une journée d'automne, le 24 octobre 1956, Lee Harvey Oswald a pris une décision qui a changé sa vie et l'a mis sur un chemin entrelacé avec les complexités de l'ère de la Guerre Froide. À peine âgé de dix-sept ans, il a choisi de renoncer à la routine des couloirs et des manuels scolaires du lycée, cherchant plutôt la discipline rigide et la réalité austère de la vie militaire. Le Corps des Marines, avec sa promesse de structure et de but, a attiré Oswald, un jeune homme en quête d'un sentiment d'appartenance et d'identité.

Son enrôlement a marqué le début d'une transformation intense. Les Marines, réputés pour leur entraînement rigoureux, ont rapidement initié Oswald au monde impitoyable du tir de précision. Le métal froid et net d'un fusil dans ses mains est devenu un poids familier alors qu'il s'entraînait des heures durant, le bruit des balles traversant l'air devenant une constante dans sa nouvelle vie. La discipline requise pour devenir un tireur d'élite a commencé à façonner son caractère, lui inculquant une précision et une concentration qui deviendraient plus tard significatives dans les annales de l'histoire.

Le passage d'Oswald dans les Marines a été un creuset, mettant à l'épreuve non seulement son endurance physique mais aussi sa force mentale. La camaraderie et la hiérarchie stricte de la vie militaire offraient un contraste frappant avec son existence civile précédente. Chaque jour était un mélange de drills, d'exercices et de perfectionnement incessant des compétences, ponctué de moments de réflexion et des pensées lointaines d'une vie qu'il avait laissée derrière lui. Le passage de décrocheur du lycée à tireur d'élite des Marines n'était pas seulement un changement de profession, mais une métamorphose qui allait définir la trajectoire d'Oswald dans les années à venir.

Les détails de la jeunesse d'Oswald dans les Marines sont consignés dans le Rapport de la Commission Warren, une documentation méticuleuse des événements qui cherchait à démêler les fils complexes de son existence. Ce chapitre de la vie d'Oswald, détaillé dans le volumineux rapport, fournit des informations cruciales sur la formation d'un homme dont les actions résonneraient plus tard dans l'histoire américaine. Le rapport se penche sur la transition brutale de civil à soldat, illustrant les contrastes marqués et les défis auxquels un jeune homme est confronté au bord de l'infamie historique.

Oswald demande une libération anticipée.

Date : 1er août 1959.

Heure : Inconnue.
Ville : Biloxi.
État : Mississipi.

Un sombre jeudi d'août 1959, Lee Harvey Oswald était assis dans une petite pièce austère, l'odeur du bois poli se mêlant à l'arôme subtil du vieux papier. La base du Corps des Marines, avec ses rangées uniformes de bâtiments et le bourdonnement constant d'une activité disciplinée, l'entourait, en contraste frappant avec le tumulte intérieur qu'il ressentait. Ce jour-là, il rédigea une demande de libération anticipée, invoquant des difficultés financières et la mauvaise santé de sa mère comme catalyseurs de sa requête.

Les derniers mois avaient lourdement pesé sur Oswald. La structure rigide de la vie militaire, autrefois une promesse de stabilité et de but, était devenue une cage. Chaque matin, l'appel du clairon ressemblait plus à une complainte funèbre qu'à un cri de ralliement. Les journées étaient remplies d'exercices, du cri perçant des commandements, et du rythme incessant des bottes qui marchaient. Pour Oswald, la monotonie de la routine militaire entrait en conflit avec son esprit agité et son désenchantement grandissant.

Ses camarades Marines, une fraternité liée par le devoir partagé et la camaraderie, voyaient Oswald comme une énigme. Il était une présence silencieuse dans les casernes, souvent perdu dans ses pensées, ses yeux reflétant un monde de préoccupations au-delà de leur environnement immédiat. Malgré les difficultés partagées de l'entraînement militaire, Oswald restait quelque peu à part, son esprit dérivant souvent vers les luttes qui l'attendaient à l'extérieur de la base.

La difficulté financière était une menace constante. Les lettres à sa mère, Marguerite, dressaient un tableau sombre de sa situation financière. Son modeste salaire de soldat membre du Corps des Marines des Etats-Unis était insuffisant pour subvenir à ses besoins et aux attentes placées sur lui. Chaque chèque de paie était un rappel des contraintes financières qui le liaient, une chaîne qu'il était désespéré de briser. Ce désespoir grandissait, alimentant sa détermination à chercher une libération anticipée, pour retourner à la vie civile où il espérait trouver un meilleur chemin.

La pièce où il a rédigé sa demande était dépouillée, un espace utilitaire avec un seul bureau et une fenêtre qui offrait un aperçu du monde extérieur. La lumière filtrant à travers le verre projetait de longues ombres, une métaphore de l'incertitude qui l'attendait. L'écriture d'Oswald était soignée et délibérée, chaque mot étant un pas vers un avenir incertain. Il a détaillé ses difficultés financières avec une honnêteté brutale, espérant que ses supérieurs comprendraient la gravité de sa situation.

Au-delà des limites de la pièce, la base bourdonnait d'activité. Le cliquetis rythmé des machines à écrire, le grondement lointain des moteurs et le murmure des voix formaient une toile de fond à la tâche solitaire d'Oswald. Le monde extérieur à la fenêtre semblait lointain, pourtant c'était un monde qu'il aspirait à rejoindre. La pensée de la liberté, de s'éloigner de la vie régimentée du Corps des Marines, le remplissait à la fois d'espoir et d'appréhension.

Les jours qui ont suivi sa soumission ont été un test de patience. La bureaucratie de la machine militaire a continué à avancer, chaque étape du processus augmentant son anxiété. Oswald a continué ses devoirs, son corps allant à travers les mouvements tandis que son esprit restait préoccupé par les pensées de sa demande en attente. Ses interactions avec ses camarades Marines étaient teintées d'une tension sous-jacente, un sentiment d'anticipation qui colorait chaque conversation.

Les problèmes financiers d'Oswald n'étaient pas seulement des chiffres sur un grand livre ; ils étaient la source d'un désespoir plus profond et plus envahissant. Chaque facture impayée, chaque déficit financier, était un rappel de sa lutte pour maintenir sa dignité face à la pression croissante. La demande de libération anticipée était plus qu'une demande d'allègement financier ; c'était un appel à une chance de reprendre le contrôle de sa vie, de trouver une nouvelle direction loin des contraintes du service militaire.

Au fil des semaines, le rythme de la base continuait sans relâche. La demande d'Oswald a progressé à travers les canaux de commandement, chaque retard étant une petite agonie. Il trouvait du réconfort dans la routine, mais son esprit était toujours ailleurs, envisageant les possibilités qui l'attendaient au-delà des portes de la base. L'idée de retourner à la vie civile, de trouver de nouvelles opportunités, le soutenait à travers l'incertitude.

Le matin fatidique du 11 septembre 1959, une lettre portant le sceau officiel du Corps des Marines des États-Unis a trouvé son chemin jusqu'aux mains d'Oswald. La lettre stipulait que sa demande avait été accordée en raison des besoins urgents de la santé de sa mère, nécessitant ses soins. Oswald était maintenant membre de la Réserve du Corps des Marines des États-Unis, un statut qui le liait à l'armée mais promettait une apparence de la liberté qu'il désirait tant.

Lee Harvey Oswald fait défection vers l'Union Soviétique.

Date : Jeudi, 15 octobre 1959.

Heure : Inconnue.
Ville : Moscou.
État : Union Soviétique.

Dans les derniers jours d'octobre 1959, Lee Harvey Oswald a entrepris un voyage qui allait changer à jamais le cours de sa vie. Oswald, désillusionné par son pays d'origine, les États-Unis, a décidé de chercher refuge derrière le Rideau de Fer en Union Soviétique.

Le voyage a commencé dans la ville portuaire animée de La Nouvelle-Orléans. C'était un matin ensoleillé lorsque Oswald, ne portant guère plus qu'une valise et un profond sentiment de mécontentement, a embarqué sur un navire en partance pour Le Havre, en France. La traversée en mer, qui a duré plusieurs jours, a offert à Oswald le temps de réfléchir à son passé et de contempler son avenir. L'immensité de l'océan Atlantique reflétait l'incertitude qui l'attendait.

En arrivant en France, Oswald ne s'est pas attardé. Il s'est rendu à Helsinki, en Finlande, une ville qui était à la fois une porte vers l'Est et un carrefour culturel. L'air automnal vif d'Helsinki était revigorant, mais l'esprit d'Oswald était fixé sur une destination plus sombre. Il ne resta que brièvement dans la capitale finlandaise, obtenant le visa nécessaire pour entrer en Union Soviétique. Le 15 octobre 1959, il a franchi la frontière vers l'URSS.

Le jour suivant, le 16 octobre 1959, Oswald se trouvait à Moscou, au cœur de l'Union Soviétique. La ville, avec son architecture imposante et son air palpable de tension politique, contrastait fortement avec les lieux qu'il avait connus aux États-Unis. La capitale soviétique était enveloppée dans la brume grise et fraîche de l'automne, reflétant la gravité de la décision d'Oswald de faire défection.

L'arrivée d'Oswald à Moscou n'a pas été accueillie avec l'enthousiasme qu'il aurait pu imaginer. Au lieu de cela, il a rencontré l'efficacité froide de la bureaucratie soviétique. Il a déclaré son intention de renoncer à sa citoyenneté américaine et a demandé l'asile. Les autorités soviétiques, méfiantes à l'égard des transfuges américains, ont soumis Oswald à un interrogatoire rigoureux et à une évaluation psychologique. Sa demande pour rester en Union Soviétique a d'abord été accueillie avec scepticisme.

Au cours de ces premiers jours tendus à Moscou, Oswald est resté à l'Hôtel Berlin, un établissement modeste qui accueillait des visiteurs étrangers. Les hébergements épurés de l'hôtel reflétaient l'isolement d'Oswald. Ses journées étaient remplies d'entretiens et d'évaluations, et ses nuits de contemplation agitée de son avenir incertain.

Le 21 octobre, le jour même où son visa devait expirer, on lui a annoncé le refus de sa demande de citoyenneté. On lui a ordonné de quitter le pays ce soir-là. Dans un état de détresse et de défi dramatique, Oswald s'est infligé une blessure mineure mais sanglante au poignet gauche dans la baignoire de sa chambre d'hôtel. Cet acte désespéré a retardé son départ, car il a été rapidement hospitalisé et placé sous observation psychiatrique à Moscou pendant une semaine. Pendant cette période turbulente, il a été constamment interrogé par des fonctionnaires soviétiques, à qui il a réitéré son refus de retourner aux États-Unis, exprimant un désir inébranlable de vivre et de mourir en tant que citoyen soviétique.

Après sa convalescence, il a rapidement été envoyé à Minsk, où il a travaillé dans une usine d'électronique. Ce placement était typique des tactiques soviétiques, utilisant les compétences des transfuges dans des industries qui pourraient bénéficier de leur expertise. Les compétences d'Oswald en tant que spécialiste en électronique en faisaient un atout précieux, même si sa présence soulignait la lutte idéologique en cours entre l'Est et l'Ouest.

Oswald tente de renoncer à la citoyenneté américaine.

Date : 31 octobre 1959.

Heure : Inconnue.
Ville : Moscou.
État : Oblast de Moscou, Union Soviétique.

Par une matinée froide du 31 octobre 1959, un jeune homme marchait d'un pas déterminé vers la façade imposante de l'ambassade des États-Unis à Moscou. Les rues étaient remplies de l'agitation habituelle de la capitale soviétique, mais à l'intérieur de l'ambassade, une tension différente montait. L'homme, Lee Harvey Oswald, était venu prendre une décision mémorable.

Oswald, portant le passeport américain n° 1733242 délivré le 10 septembre 1959, est entré dans l'ambassade avec un mélange d'arrogance et de détermination. Il s'est identifié auprès de l'officier consulaire, Richard Snyder, déclarant sans équivoque qu'il avait l'intention de renoncer à sa citoyenneté américaine. Son passeport, qui indiquait qu'il était célibataire et âgé de vingt ans, a été posé sur le bureau avec un geste décisif. Le document indiquait son lieu de naissance et portait les tampons de ses voyages récents, reflétant son voyage de Helsinki, Finlande à Moscou le 15 octobre.

Dans sa déclaration à Snyder, Oswald a déclaré qu'il avait demandé la citoyenneté soviétique, poussé par ses convictions marxistes. Il avait envisagé ce geste radical pendant deux ans, dit-il, sa voix teintée de la ferveur de la conviction idéologique. Sa dernière adresse aux États-Unis était 4936 Collinwood Street, Fort Worth, Texas, où sa mère résidait toujours. L'attitude d'Oswald était agressive ; il était un jeune homme en mission, récemment libéré du Corps des Marines, offrant maintenant toutes les informations qu'il avait acquises en tant qu'opérateur radar engagé aux autorités soviétiques.

Snyder, expérimenté dans le traitement des transfuges et de ceux qui renoncent à leur citoyenneté, a abordé la situation avec prudence. Il a été rappelé du cas Petrulli, un précédent où un Américain également mécontent avait tenté de renoncer à sa citoyenneté mais avait ensuite vu sa renonciation jugée nulle et non avenue en raison d'une instabilité mentale. Snyder a proposé de retarder l'achèvement de la renonciation d'Oswald jusqu'à ce que les autorités soviétiques décident de sa demande de citoyenneté ou que le Département d'État américain fournisse des directives supplémentaires.

L'acte audacieux d'Oswald n'est pas passé inaperçu. L'ambassade a rapidement informé la presse, ajoutant une autre couche de complexité à une situation déjà délicate. Le rapport de Snyder au Département d'État était détaillé, capturant les mots exacts d'Oswald et la gravité de ses intentions. Ce geste était un défi direct à son pays d'origine, une étape qui, si elle était complétée, couperait irrévocablement ses liens avec les États-Unis.

Dans l'arrière-plan de ce drame personnel, les tensions géopolitiques plus larges entre les États-Unis et l'Union Soviétique étaient omniprésentes. Chaque action entreprise par des individus comme Oswald était examinée à la loupe de la Guerre Froide. L'ambassade, consciente des implications potentielles, agissait avec des mesures calculées, s'assurant que toutes les procédures étaient méticuleusement suivies et documentées.

Le récit qui s'est déroulé ce jour-là à Moscou était plus qu'une simple procédure bureaucratique ; c'était un instantané du voyage idéologique d'un jeune homme, sur fond de l'une des périodes les plus controversées de l'histoire moderne. Les actions d'Oswald étaient motivées par une profonde désillusion envers son propre pays et une croyance fervente dans le système soviétique. Son voyage, marqué par des bouleversements personnels et politiques significatifs, deviendrait plus tard une partie d'une histoire plus grande et plus tragique que le monde en viendrait à connaître dans les années qui ont suivi.

Alors que les portes de l'ambassade se fermaient derrière lui, Oswald est retourné dans l'air froid de Moscou, portant avec lui le poids de sa décision. Le chemin qu'il avait choisi était semé d'incertitudes, mais dans son esprit, c'était le seul chemin qui valait la peine d'être pris. Ses actions ce jour-là étaient un témoignage de ses convictions, aussi mal orientées qu'elles aient pu être, et ont préparé le terrain pour les événements dramatiques qui définiraient plus tard sa vie et son héritage.

John F. Kennedy remporte l'élection présidentielle des États-Unis de 1960.

Date : 8 novembre 1960.

Heure : Inconnue.
Ville : Washington.
État : District de Columbia.

L'air nocturne était électrique d'anticipation alors que la nation retenait son souffle. Dans les maisons et les espaces publics, les Américains se rassemblaient autour de leurs radios et télévisions, attendant le mot final. L'élection présidentielle de 1960 était l'une des plus âprement disputées de l'histoire, une bataille d'idéologies et de personnalités qui avait captivé le pays pendant des mois.

Alors que l'horloge se rapprochait de minuit, les résultats ont commencé à se concrétiser. John F. Kennedy, le jeune sénateur du Massachusetts, avait obtenu une victoire qui changerait à jamais le cours de l'histoire américaine. Sa campagne, marquée par une présence vigoureuse et charismatique, avait réussi à galvaniser une nouvelle génération d'électeurs, apportant un nouveau sentiment d'espoir et de possibilité au paysage politique américain.

Au cœur de Washington, D.C., l'atmosphère était à la fois jubilatoire et réfléchie. La victoire de Kennedy a été perçue comme un triomphe de la modernité et du progrès, une rupture décisive avec le conservatisme figé du passé. Les rues bourdonnaient d'excitation alors que les partisans célébraient ce moment historique, leurs acclamations résonnant à travers les avenues et monuments emblématiques de la ville.

Le discours de victoire, prononcé avec l'éloquence caractéristique de Kennedy, a mis l'accent sur l'unité et la promesse d'une nouvelle frontière. Il a parlé des défis à venir et de l'effort collectif nécessaire pour les surmonter. Ses mots, imprégnés d'un sentiment de destin, ont profondément résonné avec une nation à l'aube d'une transformation sociale et politique significative.

À travers le pays, les réactions étaient variées mais intenses. Pour beaucoup, l'élection de Kennedy était un phare de changement, un signal que les États-Unis étaient prêts à adopter un programme plus inclusif et progressiste. La faible marge de sa victoire a souligné les profondes divisions au sein de l'électorat, mais elle a également souligné le désir généralisé d'un leadership dynamique et innovant.

L'ascension de Kennedy à la présidence a marqué le début d'une ère définie par l'optimisme et l'ambition. Son administration serait bientôt mise à l'épreuve par des événements et des crises monumentales, mais en cette nuit de novembre, l'avenir semblait sans limites. La torche avait effectivement été passée à une nouvelle génération, et avec elle venait l'espoir que les plus grands jours de l'Amérique étaient encore à venir.

La vie d'Oswald à Minsk et son mariage avec Marina.

Date : Début 1961.

Heure : Inconnue.
Ville : Minsk.
État : SSR Biélorusse.

Dans les jours givrés du début de 1961, la ville de Minsk, avec son architecture soviétique austère et son air hivernal froid, est devenue le décor d'un chapitre de la vie de Lee Harvey Oswald qui mêlerait le banal à l'extraordinaire. Oswald, un ancien marine américain devenu transfuge soviétique, s'était installé dans une apparence de normalité. Cette ville, imprégnée d'histoire et de résilience, était désormais le foyer d'un homme dont le chemin avait déjà été marqué par l'intrigue et la désillusion.

Minsk, une ville reconstruite après les ravages de la Seconde Guerre mondiale, se caractérisait par ses larges boulevards et ses imposants bâtiments, reflétant le style austère et fonctionnel de l'urbanisme soviétique. La vie d'Oswald ici était étonnamment routinière. On lui avait fourni un appartement modeste et un emploi à l'usine d'électronique Gorizont, où il travaillait comme métallurgiste. Le travail était répétitif et sans relief, mais il offrait une stabilité qu'Oswald n'avait pas connue depuis un certain temps.

Chaque jour, Oswald traversait les rues enneigées pour se rendre à son lieu de travail, son souffle visible dans l'air froid. L'usine, avec son bourdonnement de machines et le cliquetis des outils, était un endroit où il pouvait momentanément échapper aux complexités de ses luttes idéologiques. C'est dans ce rythme de la vie quotidienne qu'il a commencé à trouver une sorte de paix particulière.

Oswald était déterminé à s'intégrer dans la société soviétique. Il a pris des cours de russe et a fait des efforts pour se lier d'amitié avec ses collègues, bien que ses origines américaines le distinguaient souvent.

Malgré ces efforts, Oswald restait en quelque sorte une énigme pour ceux qui l'entouraient.

C'est pendant cette période d'adaptation qu'Oswald a rencontré Marina Prusakova. Marina, une jeune femme travaillant dans une pharmacie locale, a été présentée à Oswald par des connaissances communes. Elle a été frappée par son comportement calme et l'intensité de son regard. Marina, avec ses propres histoires de vie soviétique, s'est trouvée attirée par cet étranger qui avait choisi d'adopter sa patrie.

Leur cour était un mélange d'échange culturel et d'affection sincère. Ils passaient leurs soirées à se promener dans les parcs enneigés de Minsk, discutant de leurs espoirs et rêves. Marina était patiente avec le russe hésitant d'Oswald, et lui, à son tour, était captivé par sa résilience et sa chaleur. Leur relation a rapidement fleuri, enracinée dans une compréhension mutuelle de l'adversité et un désir partagé d'un avenir meilleur.

Lors d'une cérémonie modeste entourée de quelques amis proches, Oswald et Marina se sont mariés. Le mariage, bien que simple, était empreint de joie tranquille. Marina portait une robe modeste, ses yeux brillant d'espoir, tandis qu'Oswald se tenait à ses côtés, son comportement adouci par la chaleur de l'occasion. L'union n'était pas seulement un mariage de deux individus mais une fusion de deux mondes, l'Est et l'Ouest, unis par un sens commun du but.

Leur vie de jeunes mariés à Minsk était modeste mais épanouissante. Le couple s'est installé dans leur appartement, qui était petit mais suffisant pour leurs besoins. Ils passaient leurs soirées ensemble, Oswald lisant souvent et Marina tricotant près du feu. Le rude hiver extérieur contrastait avec la chaleur croissante de leur vie domestique. Leurs conversations allaient de sujets quotidiens banals à des discussions profondes sur leur avenir et le monde qui les entoure.

Malgré le réconfort qu'ils trouvaient dans la compagnie de l'autre, la vie n'était pas sans ses défis. Marina faisait face à la difficulté de soutenir un mari dont le passé était marqué par la controverse, tandis qu'Oswald continuait à lutter avec son identité et sa place dans le monde. Pourtant, leur lien s'est renforcé, fortifié par les adversités auxquelles ils ont fait face ensemble.

La naissance de leur fille, June, le 15 février 1962, a apporté une nouvelle dimension à leur vie. Oswald, maintenant père, a trouvé un sens renouvelé à sa vie. La vue des yeux innocents de sa fille l'a rempli d'une détermination à créer un environnement stable et nourrissant pour sa famille. Marina, elle aussi, a trouvé de la joie dans la maternité, ses journées étant remplies des rires et des pleurs de leur petite fille.

Minsk, avec ses hivers rigoureux et son esprit résilient, est devenue la toile de fond de ces moments cruciaux dans la vie d'Oswald. Le pouls de la ville, un mélange de tradition du vieux monde et de modernité soviétique, reflétait les complexités du parcours d'Oswald. Son séjour ici a été marqué par un équilibre délicat entre l'ordinaire et l'extraordinaire, une période de croissance personnelle et de changement profond.

Au fil des mois, les pensées d'Oswald ont commencé à se tourner à nouveau vers sa patrie. La stabilité qu'il a trouvée à Minsk n'a pas pu apaiser son inquiétude intérieure. Le couple a commencé à envisager un avenir au-delà des frontières de l'Union Soviétique, poussé par le désir de meilleures opportunités et une vie meilleure pour leur fille.

Ainsi, le décor était planté pour le prochain chapitre de la vie d'Oswald, un chapitre qui le ramènerait finalement aux États-Unis. Les rues calmes de Minsk, les parcs couverts de neige et l'appartement modeste qui avait été leur maison, deviendraient bientôt des souvenirs alors qu'ils se préparaient à entreprendre un nouveau voyage. Mais dans ces moments, au milieu de la simplicité de leur vie quotidienne, Oswald et Marina trouvaient un sens éphémère de normalité et de paix, une brève pause dans une vie définie par le changement constant et l'incertitude.

Moscou délivre un visa de transit néerlandais à Marina Oswald.

Date : Mai 1962.

Heure : Inconnue.
Ville : Moscou.
État : Russie.

À l'intérieur des murs austères d'un bureau du gouvernement soviétique, Marina Oswald se tenait debout, son cœur battant d'un mélange d'espoir et d'anxiété. La pièce, fonctionnelle et dépourvue de décoration, était remplie du doux bourdonnement de l'activité bureaucratique. Le bruit des machines à écrire et le murmure des voix créaient un fond de routine face à l'importance du moment. Aujourd'hui, Moscou lui délivrait un visa de sortie, un document qui symbolisait un potentiel nouveau départ.

Marina, une jeune femme d'une beauté slave frappante, avait des yeux qui reflétaient à la fois la détermination et une profonde lassitude. Son parcours jusqu'à ce point avait été semé d'embûches, marqué par son mariage avec Lee Harvey Oswald, un déserteur américain dont le propre chemin avait été turbulent et incertain. La promesse d'un visa de transit était une lueur d'espoir, une chance de laisser derrière elle les ombres de leur passé et de s'avancer vers un avenir rempli de possibilités.

La signification du visa de sortie allait au-delà d'une simple paperasse. Pour Marina, il représentait une opportunité de s'échapper des contraintes de la vie soviétique et du spectre de la surveillance politique. Sa relation avec Lee les avait tous deux placés sous un objectif de suspicion, chacun de leurs mouvements étant observé par des yeux à la fois visibles et invisibles. Le visa était une clé pour une porte qui menait loin de l'oppression et vers la liberté de l'Ouest.

Alors que Marina attendait, ses pensées dérivaient vers Lee, qui était préoccupé par leurs projets de quitter l'Union Soviétique. Leur relation, forgée dans le creuset des idéologies politiques et des ambitions personnelles, était une tapisserie complexe d'amour, de loyauté et de rêves partagés. La détermination de Lee à retourner en Amérique était aussi forte que la sienne, motivée par le désir de trouver un endroit où ils pourraient élever leur jeune fille, June, loin de la portée omniprésente du contrôle soviétique.

Le processus d'obtention du visa avait été ardu. Des formulaires sans fin, des entretiens, et l'incertitude constante de l'approbation pesaient lourdement sur Marina. Pourtant, debout là, elle ressentait une lueur d'optimisme. Le greffier, un homme d'âge moyen au visage sévère adouci par des années de routine, traitait méthodiquement ses documents. Chaque tampon et signature la rapprochait du moment de libération.

Moscou, avec son architecture imposante et sa riche histoire, semblait retenir son souffle au fur et à mesure que la journée se déroulait. Les rues extérieures étaient animées par le rythme de la vie quotidienne, en contraste avec l'intensité silencieuse à l'intérieur du bureau gouvernemental. Le pouls de la ville, un mélange de tradition du vieux monde et des réalités austères de la règle soviétique, battait au rythme de l'anticipation de Marina.

Le visa, un simple document, était une porte d'entrée vers un monde de nouvelles opportunités. Pour Marina, c'était plus qu'une simple autorisation de voyager ; c'était un symbole tangible de leur intention de construire une vie au-delà du rideau de fer. L'idée de quitter Moscou, avec ses rues familières et ses tensions cachées, la remplissait d'un mélange de tristesse et de soulagement. C'était une ville qui l'avait façonnée, mais qu'elle était prête à laisser derrière elle.

Alors que le greffier lui remettait le visa, Marina ressentit une vague d'émotion. Gratitude, espoir et un sentiment de but renouvelé l'envahirent. Le poids du document dans sa main était une promesse, un pas vers un avenir qui, bien qu'incertain, était rempli de potentiel pour la liberté et un nouveau départ. Elle glissa soigneusement le visa dans son sac à main, son importance surpassant de loin sa forme physique.

Le voyage à venir était toujours semé d'embûches. Ils devraient naviguer à travers les complexités du voyage international, le contrôle de diverses autorités, et le courant de suspicion toujours présent. Pourtant, avec le visa en main, Marina ressentait un sentiment renouvelé d'autonomie. Elle et Lee n'étaient plus à la merci de forces hors de leur contrôle ; ils avaient fait un pas vers la détermination de leur propre destin.

Maintenant, alors que Marina quittait le bureau du gouvernement, le poids de son histoire et l'immédiateté de sa réalité politique semblaient légèrement s'estomper. Elle se dirigeait vers un horizon qui promettait du changement, guidée par le simple morceau de papier qui détenait leur avenir.

Alors qu'elle marchait dans les rues de Moscou, les sites familiers de la ville prenaient une nouvelle lumière. Les tours du Kremlin, les marchés animés, et la rivière Moskva qui coule tranquillement à travers le cœur de la ville - tous semblaient murmurer des adieux. Marina, avec le visa en sécurité dans son sac, ressentait un sentiment d'élan vers l'avant, une poussée vers l'inconnu à la fois exaltante et intimidante.

Les Oswald traversent l'Allemagne de l'Ouest.

Date : 3 juin 1962.

Heure : Inconnue.
Ville : Inconnue.
État : Allemagne.

Le dimanche 3 juin 1962, le paysage de l'Europe était une mosaïque de frontières et de tensions, vestiges d'un monde encore en train de guérir des cicatrices de la guerre. Marina Oswald, serrant sa jeune fille June contre elle, entreprit un voyage qui la mènerait des confins oppressants de l'Allemagne de l'Est à travers les couloirs de l'Allemagne de l'Ouest, et finalement vers la liberté offerte par la Hollande. Chaque pas qu'elle faisait était un témoignage de son courage et de sa détermination, alors qu'elle naviguait dans le terrain géopolitique complexe qui définissait l'Europe de la Guerre Froide.

La gare, un lieu de mouvement perpétuel et d'anticipation, était remplie d'une cacophonie de sons - le sifflement de la vapeur, le cliquetis des roues sur les rails, et le murmure des voyageurs. Marina, vêtue d'un manteau simple qui démentait l'importance de son voyage, se tenait au milieu de la foule. Le poids du visa de transit néerlandais dans sa poche était un rappel constant de l'espoir et de l'incertitude qui l'attendaient. Ses yeux, un mélange de détermination et d'inquiétude, scrutaient la foule, toujours alerte à la possibilité d'un examen attentif.

Le train, une bête de fer de nécessité et d'évasion, offrait un bref refuge alors qu'il filait à travers la campagne allemande. Marina était assise près de la fenêtre, sa fille blottie contre elle, le claquement rythmé du train offrant une apparence de calme au milieu du tumulte. La campagne, avec ses collines ondulantes et ses villages dispersés, était un flou de vert et de gris, un témoignage de la résilience et de la récupération d'une terre autrefois déchirée par le conflit.

Chaque arrêt était un test de nerfs, alors que les officiels montaient à bord pour vérifier les papiers et scruter les voyageurs. Le cœur de Marina battait à chaque inspection, sa prise se resserrant autour du petit corps de sa fille. Les documents, soigneusement préparés et présentés d'une main ferme, étaient leur billet pour la liberté. Le voyage à travers l'Allemagne de l'Ouest n'était pas simplement un passage à travers un pays ; c'était un transit à travers des couches d'histoire et d'idéologie, chaque frontière franchie étant un pas loin du passé et vers un avenir incertain.

Le paysage à l'extérieur de la fenêtre changeait subtilement alors qu'ils approchaient de la frontière avec la Hollande. L'architecture se transformait, les signes d'une langue différente devenaient plus fréquents, et l'air semblait porter une odeur différente, plus libre. Les pensées de Marina dérivaient vers son mari, Lee Harvey Oswald, et le chemin tumultueux qui les avait amenés à ce moment. Leur rêve partagé d'une vie au-delà de l'emprise de fer de l'influence soviétique était maintenant à portée de main, mais il dépendait du succès de ce voyage périlleux.

Les pensées de Marina furent interrompues par le dernier passage de frontière, un moment chargé de tension. Les officiels néerlandais, leurs visages sévères mais professionnels, examinaient ses papiers avec un soin méticuleux. Chaque tampon et acquiescement la rapprochait de la réalisation de leur rêve. L'examen semblait interminable, le poids de l'histoire et de la politique pesant sur ce seul moment. Lorsque l'approbation finale est arrivée, c'était une reconnaissance silencieuse, un simple geste qui trahissait l'impact profond qu'il avait pour Marina et sa fille.

Alors que le train traversait la frontière vers la Hollande, un sentiment de soulagement envahit Marina. Le paysage, désormais distinctement hollandais avec ses moulins à vent et ses canaux, semblait les accueillir à bras ouverts. La dernière étape de leur voyage commença, chaque kilomètre les éloignant davantage des ombres de leur passé. La liberté que représentait la Hollande n'était pas seulement physique ;

c'était la promesse d'un nouveau départ, une chance de reconstruire leur vie dans un endroit où ils pouvaient enfin respirer librement.

Les pensées de Marina se tournèrent vers l'avenir alors que le train filait vers leur destination. Les défis à venir étaient encore nombreux, mais le poids du voyage qu'ils avaient entrepris la remplissait d'un sentiment renouvelé d'espoir et de détermination. La force tranquille qu'elle portait en elle était un phare pour la vie qu'elle envisageait pour sa famille, une vie bien éloignée des contraintes qu'ils avaient connues.

Alors que le train ralentissait enfin pour s'arrêter dans une gare néerlandaise, l'air se remplissait des sons d'un lieu animé mais paisible, Marina ressentait un profond sentiment d'accomplissement. Son voyage était loin d'être terminé, mais le plus dur était derrière elle. Avec sa fille dans ses bras, elle monta sur le quai, prête à embrasser la nouvelle vie qui l'attendait. Le voyage de l'Allemagne de l'Est à la Hollande avait été un test d'endurance et d'espoir, et Marina avait émergé de l'autre côté, un témoignage de l'esprit inflexible de ceux qui cherchent une vie meilleure contre toute attente.

Oswald retourne aux États-Unis avec sa famille.

Date : Mercredi, 13 juin 1962.

Heure : Inconnue.
Ville : Fort Worth.
État : Texas.

Le mercredi 13 juin 1962, Lee Harvey Oswald a remis les pieds sur le sol américain, accompagné de sa jeune épouse, Marina, et de leur enfant en bas âge, June. Le voyage de l'Union soviétique aux États-Unis avait été long et semé d'embûches, mais enfin, ils étaient là. Fort Worth, au Texas, avec ses paysages étendus et sa vie citadine animée, allait être leur nouveau foyer.

Oswald, autrefois un transfuge en Union Soviétique, avait pris la décision importante de retourner dans son pays d'origine. Sa femme, Marina, originaire de Russie, tenait leur bébé près d'elle alors qu'ils descendaient du navire à Hoboken, New Jersey. Le soleil texan les frappait, un contraste frappant avec les climats plus froids qu'ils avaient laissés derrière eux. L'air était chargé d'anticipation et d'une touche d'incertitude alors qu'ils naviguaient à travers le terminal.

Fort Worth n'était pas inconnu à Oswald. C'était une ville qui détenait des souvenirs de sa vie antérieure, un endroit qu'il avait connu avant sa défection dramatique. Mais c'était aussi là que vivaient la mère et le frère de Lee. Alors qu'ils se frayaient un chemin à travers le terminal animé, les images et les sons de l'Amérique les enveloppaient.

Le retour du couple était un retour à la maison pour Oswald, mais c'était aussi le début d'un nouveau chapitre pour Marina. Sa vie en Union Soviétique avait été radicalement différente. Maintenant, elle se retrouvait dans un pays étranger avec son mari et son enfant, prête à tout recommencer.

Le retour d'Oswald a été marqué par un mélange d'émotions. Il y avait un soulagement d'être de retour sur un sol familier, mais aussi le poids de l'inconnu. Ils avaient laissé derrière eux une vie à Minsk, où Oswald avait travaillé dans une usine d'électronique. Ici, au Texas, l'avenir était incertain. Il n'avait pas de travail qui l'attendait, pas de plan clair. Mais il y avait de la détermination dans ses yeux, une résolution de se tailler une place pour sa famille dans cette vaste terre d'opportunités.

Alors qu'ils sortaient du terminal, la chaleur du Texas les enveloppait comme une couverture. Le paysage s'étendait à perte de vue, une mer de possibilités. Fort Worth, avec son mélange de modernité et de tradition, était prête à les accueillir. C'était une ville en plein essor, reflétant les propres aspirations d'Oswald.

Leurs premiers jours à Fort Worth ont été un tourbillon d'ajustements. Trouver un endroit où vivre, naviguer dans la ville et gérer les aspects pratiques de la vie quotidienne en Amérique étaient des préoccupations immédiates. Oswald a fait appel à sa famille et à ses amis, cherchant du soutien et de l'aide pour s'installer. Marina, quant à elle, a dû faire face à la barrière de la langue, son mari agissant souvent comme traducteur et guide.

La maison qu'ils ont trouvée était modeste, mais c'était un début. Elle offrait un abri et un sentiment de stabilité. Le quartier était accueillant, et lentement, ils ont commencé à établir une routine. Oswald cherchait du travail, déterminé à subvenir aux besoins de sa famille. Marina se concentrait sur la prise en charge de leur enfant et l'apprentissage des coutumes de sa nouvelle maison.

Marina s'enregistre en tant que citoyenne soviétique.

Date : Vendredi, 6 juillet 1962.

Heure : Inconnue.
Ville : Washington.
État : D.C.

Le vendredi 6 juillet 1962, au cœur de l'agitation de Washington D.C., sous l'ombre du Monument de Washington, une lettre rédigée avec une urgence délicate a fait son chemin de l'appartement modeste de Marina Oswald à la structure imposante de l'ambassade soviétique. L'air estival était épais d'humidité, un contraste frappant avec les lignes nettes et structurées de l'écriture de Marina, alors qu'elle formulait sa demande pour s'enregistrer en tant que citoyenne soviétique à l'intérieur des États-Unis.

La lettre, un pont entre deux mondes, portait le poids des émotions complexes de Marina et des préoccupations pragmatiques d'une jeune mère et épouse. Alors qu'elle cherchait à officialiser son statut auprès des autorités soviétiques, sa lettre n'était pas seulement une formalité bureaucratique ; c'était un appel à la reconnaissance et une pierre de touche de son identité.

L'ambassade soviétique, une forteresse d'activité diplomatique, a reçu sa demande au milieu de l'agitation des tensions de la Guerre Froide. Les diplomates, avec leurs oreilles accordées aux murmures de la politique mondiale, ont également entendu l'appel personnel d'une femme cherchant une semblance de continuité dans sa vie fragmentée. La réponse qu'elle attendait pourrait modifier la trajectoire de son avenir et celui de sa famille, influençant leur position aux yeux de l'Union soviétique et des États-Unis.

À ce moment-là, la lettre de Marina se tenait comme un témoignage des dimensions personnelles des marées géopolitiques, capturant un fragment de vie imprégné dans le récit plus large des relations Est-Ouest pendant une période d'intense examen international.

Marina Oswald reçoit une lettre de l'ambassade soviétique.

Date : 9 juillet 1962.

Heure : Inconnue.
Ville : Fort Worth.
État : Texas.

Le lundi 9 juillet 1962, par une chaude journée, le monde de Marina Oswald a de nouveau croisé la machinerie bureaucratique de l'Union Soviétique. La journée a été interrompue par l'arrivée d'une lettre, un petit mais significatif message de la Division Consulaire de l'Ambassade Soviétique. Il demandait son permis de résidence pour l'enregistrement, un rappel brutal des complexités et des formalités qui la liaient encore à son passé.

La lettre est arrivée discrètement, glissant dans la fente du courrier avec l'assortiment habituel de correspondance banale. Son enveloppe portait les marques officielles de l'ambassade soviétique. Marina, habituée à la bureaucratie, l'a reconnue immédiatement. Elle a marqué une pause avant de l'ouvrir, le silence du moment rempli des échos de ses précédentes interactions avec l'administration soviétique.

Le contenu de la lettre était clair, détaillant l'exigence pour elle de présenter son permis de séjour. Cette étape bureaucratique était essentielle pour son séjour continu et les formalités juridiques associées. C'était une demande routinière, mais elle semblait chargée de signification.

Les pensées de Marina dérivèrent vers son mari, Lee Harvey Oswald, dont le propre parcours avait été semé d'embûches similaires avec la bureaucratie. Leur vie ensemble avait été une série de navigations à travers les exigences officielles, chaque étape marquée par des formulaires, des tampons et des sceaux officiels. L'arrivée de cette lettre n'était qu'un autre chapitre de leur expérience commune de gestion du monde labyrinthique des documents internationaux.

La relation de Marina avec les autorités soviétiques a toujours été complexe. Son mariage avec Lee, un déserteur américain, l'avait placée dans une position unique, chevauchant deux mondes souvent en conflit. Chaque interaction avec l'ambassade était un rappel de cet équilibre délicat, une marche sur la corde raide entre conformité et liberté personnelle. La demande de son permis de résidence était une partie routinière de cette danse, une étape qu'elle devait franchir pour assurer leur stabilité continue.

L'arrivée de la lettre a incité Marina à rassembler les documents nécessaires. Son permis de séjour, un petit livret rempli de tampons et de signatures officiels, était un élément essentiel de son identité dans ce pays étranger.

Le processus d'inscription, bien qu'apparemment banal, était un aspect critique du maintien de son statut légal. C'était une tâche qui nécessitait de la diligence et une attention aux détails, des qualités que Marina avait développées au fil des années en naviguant dans des bureaucraties complexes. L'acte de préparation des documents était presque rituel, un assemblage soigneux de preuves et de conformité.

Alors que Marina se préparait à répondre à la demande de l'ambassade, elle ressentait un mélange familier de résignation et de détermination. La lettre était un rappel des liens continus qui la liaient à son passé, mais elle mettait également en évidence sa résilience face à ces défis. Chaque obstacle bureaucratique était un témoignage de sa capacité à s'adapter et à persévérer, à trouver son chemin à travers le réseau complexe de l'administration qui définissait une grande partie de sa vie.

Le soleil descendait plus bas dans le ciel alors que Marina terminait ses préparations. L'enveloppe, maintenant remplie des documents requis, était prête à être envoyée. Le simple acte de la sceller était imprégné du poids de son voyage en cours, un voyage qui l'avait emmenée du cœur de l'Union soviétique à une nouvelle vie à l'étranger. La lettre, une petite mais significative partie de ce voyage, était prête à être renvoyée, une autre étape dans le processus continu de navigation de son existence double.

La lettre de Marina Oswald à la Section Consulaire Soviétique.

Date : 15 août 1962.

Heure : Inconnue.
Ville : Fort Worth.
État : Texas.

Le 15 août 1962, Marina Oswald a écrit une lettre à la Section Consulaire Soviétique, ses mots chargés du poids de ses préoccupations et de ses peurs. La lettre a commencé de manière formelle, en s'adressant aux officiels avec une salutation respectueuse, mais a rapidement plongé au cœur de son anxiété. Marina a écrit sur son inquiétude grandissante concernant la non-reconnaissance de son permis de résidence. Elle a décrit le silence des autorités comme une ombre toujours menaçante, jetant le doute sur son avenir.

L'écriture de Marina, soignée et précise, reflétait sa nature disciplinée, un contraste frappant avec l'incertitude chaotique qu'elle décrivait. Elle a raconté les étapes méticuleuses qu'elle avait prises pour se conformer aux réglementations, ses efforts pour suivre les voies appropriées, et la frustration croissante au fil des semaines passées sans réponse. Chaque ligne de la lettre était imprégnée d'un sentiment d'urgence, d'un besoin d'être vue, entendue et validée par les pouvoirs qui contrôlaient son destin.

La lettre de Marina n'était pas simplement une demande ; c'était un récit de résilience et une défiance silencieuse face à la négligence bureaucratique qu'elle a rencontrée. Elle parlait de ses craintes pour l'avenir de sa famille, de son désir d'assurer un foyer stable, et de sa détermination à surmonter les obstacles que le système mettait sur son chemin. La lettre se terminait par une demande polie mais ferme pour une résolution, une dernière tentative pour briser le mur de silence qui entourait sa demande.

Alors qu'elle scellait l'enveloppe, Marina ressentait un mélange de soulagement et d'appréhension. L'acte d'écrire lui avait donné un sentiment de pouvoir, une façon de canaliser sa frustration en quelque chose de tangible. Pourtant, l'incertitude de la réponse, ou son absence, pesait lourd. Elle ne pouvait qu'espérer que ses mots trouveraient leur chemin vers quelqu'un qui pourrait couper à travers la bureaucratie et fournir la reconnaissance dont elle avait si désespérément besoin.

Dans le grand schéma de la Guerre Froide, la lettre de Marina n'était qu'une petite vague, mais elle encapsulait les luttes personnelles de ceux pris dans le feu croisé de plus grandes machinations politiques. Son histoire, tissée dans le tissu de l'histoire, était un rappel poignant de l'élément humain souvent éclipsé par les grands récits de pouvoir et d'idéologie.

Alors que la lettre de Marina traversait les canaux bureaucratiques de la Section Consulaire Soviétique, elle portait en elle les espoirs et les rêves d'une jeune femme qui s'efforçait de se tailler un espace de sécurité et de paix dans un monde incertain. Son appel était un appel à l'humanité au sein de la machinerie impersonnelle de l'État, un rappel que derrière chaque morceau de papier se trouvait une personne, avec des peurs, des espoirs et un esprit inébranlable.

Présentation d'Oswald à George et Jeanne De Mohrenschildt.

Date : Été/automne 1962.

Heure : Inconnue.
Ville : Dallas.
État : Texas.

Au cours des journées torrides et ensoleillées d'un été texan qui s'estompaient progressivement pour laisser place à l'arrivée nette de l'automne, Lee Harvey Oswald a été présenté à George et Jeanne De Mohrenschildt. Cette introduction a été orchestrée par des connaissances communes dans la ville vibrante et tentaculaire de Dallas, Texas.

George De Mohrenschildt, un homme sophistiqué qui a déjà une longue expérience et qui a une personnalité très sociable, a été immédiatement intrigué par Oswald. Jeanne, son élégante et perspicace épouse, partageait la curiosité de son mari à propos de ce jeune homme qui était revenu d'un exil volontaire en Union Soviétique. Le couple, connu pour leur cercle d'amis éclectique, a accueilli Oswald dans leur milieu social avec un mélange de curiosité et de bienveillance.

Oswald, à cette époque, était une figure de contradictions. Il était calme et pensif, mais avec une intelligence féroce qui transparaissait occasionnellement à travers sa réticence. Sa vie avait été un voyage tumultueux, d'un jeune homme marginalisé à un Marine désillusionné, puis à un transfuge qui avait cherché refuge derrière le Rideau de Fer. Ce passé chargé d'histoires faisait de lui un sujet de fascination pour les De Mohrenschildts, qui n'étaient eux-mêmes pas étrangers aux complexités de la Guerre Froide.

Les premières rencontres étaient informelles, souvent à la maison des De Mohrenschildts ou lors de rassemblements sociaux où les intellectuels et les expatriés discutaient de politique, d'art et des tensions mondiales actuelles. George, qui avait vécu dans diverses parties du monde, y compris un bref séjour en Union Soviétique pendant son enfance, a trouvé en Oswald une sorte d'âme sœur. Ils discutaient du marxisme, de la politique américaine et de la danse complexe de l'espionnage et de l'idéologie qui marquait l'époque.

Jeanne, toujours l'hôtesse gracieuse, a remarqué la tension dans la relation d'Oswald avec sa jeune épouse, Marina. Marina, qui avait suivi Oswald depuis l'Union Soviétique, avait du mal avec la culture et la langue étrangères de sa nouvelle maison. Les De Mohrenschildts, en particulier Jeanne, ont montré un intérêt sympathique pour Marina, lui offrant leur soutien et leur amitié.

Au fur et à mesure que les jours se transformaient en semaines, et que la chaleur intense du Texas cédait la place aux brises plus fraîches de l'automne, le lien entre Oswald et les De Mohrenschildts se renforçait. George, avec son penchant pour le dramatique et le provocateur, engageait souvent Oswald dans des discussions allant du banal au profond. Ces interactions ont laissé une impression durable sur Oswald, qui a trouvé en George une combinaison rare de défi intellectuel et d'expérience mondaine.

Jeanne, observant ces échanges, se demandait souvent sur la profondeur des convictions d'Oswald et l'obscurité qui semblait se cacher juste sous la surface de son comportement. Elle voyait un homme en conflit avec lui-même, luttant avec un sens du but et de l'appartenance dans un monde qui semblait de plus en plus chaotique et hostile.

L'influence des De Mohrenschildts sur Oswald pendant cette période était significative. Ils ont fourni une apparence de stabilité et d'engagement intellectuel à un moment où la vie d'Oswald était marquée par l'incertitude et la frustration. Cependant, cette relation, comme tant d'autres dans la vie tumultueuse d'Oswald, n'était pas destinée à durer. Les événements qui se dérouleraient l'année suivante jetteraient une longue ombre sur ces interactions apparemment innocentes.

C'est pendant ces mois que Oswald, encouragé par son association avec les De Mohrenschildts et de plus en plus désespéré de laisser une empreinte sur le monde, a commencé à envisager des actions qui conduiraient finalement à son infamie. Les graines de son mécontentement et de son radicalisme, arrosées par les discussions intenses et le climat politique volatile de l'époque, ont commencé à prendre racine dans son esprit agité.

L'Ambassade Soviétique Informe Marina Que Son Document A Été Reçu.

Date : 28 août 1962.

Heure : Inconnue.
Ville : Washington.
État : District de Columbia, USA.

L'été 1962 touchait à sa fin dans les couloirs animés de Washington, D.C., alors que le Département d'État américain s'occupait de ses myriades de tâches. Par une journée d'août humide, le bourdonnement des ventilateurs électriques fournissait une toile de fond à l'urgence silencieuse qui imprégnait les bureaux de l'ambassade. Marina Oswald, installée dans une vie d'incertitude, attendait anxieusement toute nouvelle de l'ambassade soviétique concernant son permis de résidence, un lien vital qui la rattachait à une certaine apparence de stabilité.

Enfin, le 28 août 1962, l'ambassade a répondu. La lettre, un communiqué officiel, a été soigneusement tapée, son ton formel ne trahissant aucune empathie que les employés auraient pu ressentir. Elle informait Marina que ses documents avaient été reçus et la rassurait que son passeport serait envoyé prochainement. Ce message, bien que bref et professionnel, était un phare d'espoir, promettant la résolution de son attente anxieuse.

Alors que Marina lisait la lettre dans son modeste appartement, elle pouvait presque sentir le poids du monde se lever légèrement de ses épaules. L'accusé de réception de l'ambassade, un geste petit mais significatif, était une étape cruciale vers la vie qu'elle envisageait pour elle-même et sa famille. Les rouages bureaucratiques avaient tourné, bien que lentement, la rapprochant d'un avenir qu'elle osait à peine imaginer.

Le voyage de la lettre était un témoignage de la danse complexe des relations internationales et des aspirations personnelles. Chaque étape, de la rédaction par le personnel de l'ambassade à la livraison finale, était un rappel de l'interaction complexe entre les nations et les individus qui se retrouvent souvent pris dans le feu croisé de la géopolitique. Pour Marina, cette lettre était plus qu'une simple mise à jour administrative ; c'était une bouée de sauvetage, une petite victoire dans sa lutte continue pour la stabilité et la paix.

Dans les grands halls de l'ambassade, où des décisions d'importance mondiale étaient prises, la situation de Marina Oswald n'était qu'une note de bas de page mineure. Pourtant, pour Marina, cette note de bas de page mineure représentait un chapitre significatif de sa vie, un pas de plus vers la résolution des incertitudes qui obscurcissaient son quotidien. La lettre de l'ambassade, classée et peut-être oubliée dans les vastes archives de la correspondance bureaucratique, resterait un document précieux, une preuve tangible de progrès dans le voyage tumultueux de Marina.

Oswald Loue une Boîte Postale à Dallas.

Date : Mardi, 9 octobre 1962.

Heure : Inconnue.
Ville : Dallas.
État : Texas.

Par une journée vivifiante d'octobre 1962, Lee Harvey Oswald, enveloppé d'un sentiment de détermination et de secret, entra dans le bureau de poste animé de Dallas. L'air était rempli du bourdonnement des employés s'occupant de leurs tâches quotidiennes, du bruissement des enveloppes et des conversations étouffées des clients. Oswald, avec une attitude à la fois discrète et déterminée, s'approcha du comptoir pour louer la boîte postale 2915.

Le commis, un homme d'âge moyen aux cheveux clairsemés et aux lunettes perchées sur son nez, a demandé l'identification nécessaire. Oswald a présenté ses documents, utilisant son vrai nom sans hésitation. Ses yeux, sombres et intenses, ne révélaient rien des pensées complexes qui bouillonnaient derrière eux. Cette boîte postale deviendrait un témoin silencieux d'une série de correspondances qui s'entrelaceraient dans le tissu de sa vie énigmatique.

Alors que le commis lui remettait la clé de la boîte postale 2915, les doigts d'Oswald se refermèrent sur le petit objet métallique. C'était plus qu'une simple clé ; c'était un conduit vers un monde de plans secrets et de connexions clandestines. La boîte, située au cœur de Dallas, servirait de dépôt pour ses communications jusqu'au 14 mai 1963.

Au cours de ces mois, la ville de Dallas, avec son horizon tentaculaire et ses rues vibrantes, accueillerait sans le savoir les activités d'Oswald. Le bureau de poste lui-même, un centre de la vie quotidienne, se tenait comme un participant silencieux à son histoire. Chaque fois qu'Oswald approchait de la boîte, tournant la clé et ouvrant la petite porte, il récupérait des lettres et des colis qui laissaient entrevoir son esprit agité et ses ambitions tumultueuses.

Au fil des mois, la correspondance qui passait par la boîte postale 2915 reflétait les interactions et les plans d'Oswald. La boîte, un petit compartiment dans l'immense machinerie du système postal, contenait des pièces d'un puzzle plus grand et plus sombre. Chaque lettre placée à l'intérieur était un fragment de ses intentions, s'accumulant tranquillement jusqu'au jour où il n'en aurait plus besoin.

John Connally Élu Gouverneur du Texas.

Date : Mardi, 6 novembre 1962.

Heure : Inconnue.
Ville : Austin.
État : Texas.

Le 6 novembre 1962, l'État du Texas s'est trouvé à un moment décisif alors que les électeurs de chaque coin de l'État se rendaient aux bureaux de vote. L'air était empli d'un sentiment palpable d'anticipation et de changement.

À Austin, la capitale, les rues étaient animées d'activité. Des affiches de campagne ornaient les lampadaires et les devantures de magasins, chacune portant le visage confiant de John Connally, le candidat démocrate au poste de gouverneur. Connally, avec ses traits distingués et sa présence charismatique, était devenu un nom familier à travers le Texas. Sa campagne avait promis le progrès et la prospérité, une vision qui résonnait profondément avec l'électorat.

Tout au long de la journée, les électeurs se sont rendus dans les écoles, les églises et les centres communautaires, leurs pas résonnant dans les couloirs alors qu'ils déposaient leurs bulletins de vote. L'atmosphère était celle d'une détermination silencieuse, les citoyens exerçant leur droit démocratique, chaque vote étant un murmure d'espoir pour l'avenir. Dans les maisons et les entreprises, les radios et les télévisions étaient réglées sur les stations de nouvelles locales, désireuses de capter les dernières mises à jour sur l'élection.

Alors que la soirée tombait, le ciel peint en teintes d'orange et de violet, les résultats ont commencé à affluer. Au quartier général de la campagne de Connally, situé au cœur d'Austin, l'ambiance était électrique. Les partisans, le personnel de campagne et les journalistes se pressaient dans la pièce, les yeux rivés sur les tableaux de décompte. L'air était chargé d'anticipation, les seuls bruits étant le murmure occasionnel et le cliquetis rapide des machines à écrire.

Heure après heure, les chiffres augmentaient, chaque district rapportant leurs résultats. L'avance de Connally est devenue apparente, la marge s'élargissant au fur et à mesure que la nuit avançait. La réalisation d'une victoire imminente a envahi la pièce, des sourires éclatants et des mains se tapant mutuellement dans le dos en une célébration silencieuse. L'ambiance était contagieuse, un souffle collectif retenu en suspense et lentement relâché dans un soulagement jubilatoire.

À l'extérieur, la ville d'Austin bourdonnait d'excitation. Les klaxons de voiture retentissaient en célébration rythmée, et des groupes de partisans se rassemblaient aux coins des rues, agitant des banderoles et scandant le nom de Connally. Le bâtiment du Capitole se dressait illuminé contre le ciel nocturne, un phare de la démocratie et le cœur de la vie politique de l'État.

Enfin, l'annonce officielle a été faite : John Connally a été élu gouverneur du Texas. La salle a éclaté en acclamations, les chapeaux lancés en l'air et les verres levés en toasts. Connally lui-même, toujours l'homme d'État, est monté sur scène pour s'adresser à ses partisans. Sa voix, stable et confiante, a traversé la salle, chaque mot une promesse pour le peuple du Texas.

"Ce soir, nous avons fait un pas vers un avenir plus radieux", a-t-il commencé, ses yeux balayant la foule. *"Cette victoire n'est pas seulement la mienne ; elle appartient à chaque Texan qui croit en la promesse de notre grand état. Ensemble, nous travaillerons vers un avenir d'opportunité, de prospérité et de justice."*

Ses paroles ont été accueillies par des applaudissements, le son résonnant dans la pièce et se répandant dans la nuit. Dans les maisons à travers le Texas, les familles regardaient son discours, leurs cœurs gonflant de fierté et d'espoir. L'élection de Connally marquait l'aube d'une nouvelle ère, une promesse de progrès dans un état riche en potentiel.

Alors que les célébrations se poursuivaient tard dans la nuit, la ville d'Austin scintillait de lumières et de rires. Pour beaucoup, c'était une nuit à se souvenir, un moment où l'histoire a été faite. L'élection de John Connally en tant que gouverneur était plus qu'une victoire politique ; c'était un témoignage de l'esprit du Texas, un reflet de la résilience et de l'optimisme de ses habitants.

Vœux du Nouvel An de la part des Oswalds.

Date : Décembre 1962.

Heure : Inconnue.
Ville : Washington.
État : D.C., États-Unis.

Au cours des froides journées de décembre 1962, un geste sincère de Lee et Marina Oswald a trouvé son chemin dans les couloirs animés de l'ambassade soviétique à Washington, D.C. Parmi les piles de correspondances officielles et de missives diplomatiques, une carte de vœux du Nouvel An se démarquait, une note personnelle au milieu de la machinerie impersonnelle des relations internationales.

La carte, simple mais sincère, portait des vœux chaleureux des Oswalds à tous les employés russes de l'ambassade. C'était un gage de bonne volonté, un pont de camaraderie tendu à travers l'immensité de la géopolitique. Les Oswalds, avec leur mélange unique d'histoire personnelle et d'implications politiques, ont trouvé dans ce geste un moyen de se connecter avec le familier, de tendre la main à leurs compatriotes dans un pays étranger.

Marina, avec ses liens profonds avec la Russie, et Lee, avec sa relation complexe avec l'Union soviétique, ont rédigé la carte ensemble. Le message à l'intérieur, probablement rédigé avec soin, véhiculait non seulement les vœux traditionnels pour la nouvelle année, mais aussi un sentiment d'identité partagée et d'héritage commun. C'était un rappel qu'au milieu de la turbulence de leurs vies, il restait un noyau de valeurs partagées et de liens qui transcendaient les frontières.

Pour les Oswald, ce geste était plus qu'une simple formalité. C'était une expression de leur lien continu avec l'Union Soviétique, une déclaration de leur engagement continu envers la culture et le peuple de la patrie de Marina. Malgré les complexités politiques entourant leur vie, ils ont tendu la main avec un message d'unité et de bonne volonté.

Alors que le personnel de l'ambassade s'acquittait de ses tâches, la carte servait de rappel des dimensions personnelles de leur travail. Chaque lettre et document qu'ils traitaient n'était pas seulement un élément de production bureaucratique, mais une partie d'une tapisserie plus large de l'expérience humaine. Le message de salutation des Oswald était un fil dans cette tapisserie, une petite mais significative partie du récit plus large des relations soviéto-américaines pendant la Guerre Froide.

Les Oswald déménagent à Dallas.

Date : 31 décembre 1962.

Heure : Inconnue.
Ville : Dallas.
État : Texas, États-Unis.

Alors que l'année touchait à sa fin, l'air frais de l'hiver s'installait sur Dallas, Texas. Les rues étaient ornées de décorations festives, projetant une lueur chaleureuse contre le froid environnant. C'est ce jour-là, le 31 décembre 1962, que la famille Oswald a décidé de faire un déménagement significatif. Les Oswald, Lee Harvey et Marina, avec leur jeune fille June, se sont lancés dans un voyage qui les mènerait à un nouveau chapitre de leur vie. Leur destination était la ville animée de Dallas, un endroit qui serait bientôt gravé dans les annales de l'histoire.

La décision des Oswald de déménager a été motivée par la promesse de meilleures opportunités et d'un nouveau départ. Lee Harvey Oswald, un ancien Marine qui venait de rentrer de l'Union Soviétique, cherchait la stabilité et une chance de reconstruire sa vie en Amérique. Son séjour en Union Soviétique avait été marqué par une exploration idéologique et une relation complexe avec son pays d'adoption. Cependant, à son retour aux États-Unis, Oswald s'est retrouvé dans le besoin d'un environnement stable pour soutenir sa famille grandissante.

Le voyage de Fort Worth à Dallas n'était pas long, mais il symbolisait un changement significatif pour les Oswalds. Marina, qui avait supporté les défis de l'adaptation à un nouveau pays et à une nouvelle culture, espérait que ce déménagement apporterait un sentiment de normalité et de paix. Ses lettres et communications avec l'ambassade soviétique mettaient en lumière ses préoccupations et aspirations, reflétant le réseau complexe d'émotions qui accompagnait cette transition.

Dallas, avec son économie dynamique et sa communauté diversifiée, offrait un paysage prometteur. La ville était en pleine croissance économique, caractérisée par un marché du travail en plein essor et une scène culturelle florissante. Les Oswalds ont emménagé dans un appartement dans le quartier d'Oak Cliff, un quartier modeste mais animé qui contrastait fortement avec leurs précédentes résidences. L'appartement, situé sur Neely Street, est devenu leur nouveau foyer - un lieu où ils vivraient à la fois les moments banals et monumentaux de leur vie.

Pour Lee Harvey Oswald, ce déménagement était également une occasion de s'engager plus activement dans les courants politiques et sociaux de l'époque. Il a trouvé un emploi à la Texas School Book Depository, un poste qui le placerait finalement au centre de l'un des événements les plus tragiques de l'histoire américaine. Son implication dans les activités politiques, y compris la distribution de tracts du Comité Fair Play pour Cuba, soulignait son engagement persistant envers les causes idéologiques.

D'un autre côté, Marina Oswald s'est concentrée sur la construction d'un foyer stable pour leur famille. Ses journées étaient remplies des routines de la vie domestique, s'occupant de leur fille et gérant le ménage. Les défis de l'adaptation à la société américaine étaient toujours présents, mais elle trouvait du réconfort dans la petite communauté d'immigrants russes à Dallas. Ce réseau offrait une apparence de familiarité et de soutien, facilitant sa transition vers son nouvel environnement.

Alors que les Oswald s'installaient dans leur nouvelle vie, la ville de Dallas bourdonnait d'anticipation pour l'année à venir. Les rues étaient animées par les célébrations, les résidents se préparant à accueillir 1963 à bras ouverts. Pour la famille Oswald, ce réveillon du Nouvel An n'était pas seulement la fin d'une autre année, mais le début d'un nouveau chapitre rempli d'espoir et d'incertitude.

Le déménagement à Dallas a marqué un moment crucial dans la vie des Oswald, préparant le terrain pour des événements qui allaient bientôt capter l'attention du monde entier. La ville, avec son énergie dynamique et ses opportunités, est devenue le décor de leur histoire -

une histoire qui entrelaçait les aspirations personnelles avec les courants plus larges de l'histoire. Alors que l'horloge sonnait minuit, marquant le début de la nouvelle année, les Oswald se tenaient sur le seuil d'un avenir qui promettait à la fois promesse et péril.

Oswald et sa femme assistent à une fête de Noël russe à Dallas.

Date : 6 janvier 1963.

Heure : Inconnue.
Ville : Dallas.
État : Texas.

C'était un dimanche vivifiant à Dallas, le genre de journée d'hiver qui apporte un air vif et pur qui revigore tout en mordant. La date était le 6 janvier 1963, un jour qui semblait assez ordinaire en surface, mais qui avait une signification particulière pour Lee Harvey Oswald et sa femme, Marina.

Dans une maison modeste nichée dans un quartier calme de Dallas, les Oswalds se préparaient pour un rassemblement qui rappelait à Marina son pays d'origine. L'événement était une fête de Noël russe, une célébration organisée conformément à l'ancien calendrier julien, une tradition qui apportait une touche réconfortante de familiarité à sa vie dans un pays étranger.

Les rues de Dallas étaient calmes ce dimanche, le bourdonnement typique de la vie urbaine étant atténué par le temps froid. Alors que les Oswald se dirigeaient vers la fête, l'atmosphère dans leur maison était un mélange de tension et de routine. Lee, souvent réservé et introspectif, semblait particulièrement renfermé. Ses pensées étaient probablement un enchevêtrement d'idéologies politiques et de mécontentements personnels, masqués derrière un vernis de stoïcisme.

Marina, quant à elle, était préoccupée par le fait de s'assurer qu'ils arrivent à l'heure et correctement habillés. Elle avait choisi une robe simple mais élégante, rappelant celles qu'elle portait à l'époque de l'Union Soviétique, espérant qu'elle lui donnerait l'apparence de normalité et de grâce qu'elle désirait souvent dans ce nouveau monde.

75

La fête elle-même était organisée par une petite mais soudée communauté d'expatriés russes. En entrant dans la maison chaleureuse et animée, remplie des riches arômes des plats traditionnels russes, Marina ressentit un élan de nostalgie. Les rires chaleureux, la langue familière et les décorations festives la ramenèrent dans les rues de Minsk, ne serait-ce que pour un bref instant.

Le rassemblement était animé par des conversations, allant de souvenirs légers à des discussions plus sérieuses sur le climat politique. C'était un mélange éclectique de personnes, chacune avec ses propres histoires sur pourquoi elles avaient quitté l'Union Soviétique et comment elles s'adaptaient à la vie en Amérique. Pour Marina, c'était une chance de renouer avec ses racines et de partager ses expériences, aussi douces-amères soient-elles.

D'un autre côté, Lee était une figure énigmatique dans ce contexte. Pour l'observateur occasionnel, il aurait pu sembler distant, voire désintéressé. Cependant, ceux qui l'ont approché l'ont trouvé être un homme aux opinions fortes, en particulier sur le marxisme et les échecs qu'il percevait dans les systèmes américain et soviétique. Sa présence à la fête était à la fois un soutien pour Marina et une occasion d'observer, d'écouter et de juger discrètement.

Au fur et à mesure que la soirée avançait, les Oswald se mêlaient aux autres invités. Marina trouvait du réconfort dans les conversations avec ses compatriotes russes, s'exprimant librement dans sa langue maternelle, partageant les luttes et les petites victoires de sa vie en Amérique. Les interactions de Lee étaient plus mesurées, ses réponses prudentes alors qu'il naviguait dans les eaux sociales avec un esprit analytique.

Le moment fort de la soirée est arrivé avec le chant des carols traditionnels russes. Le visage de Marina s'est illuminé alors qu'elle se joignait à eux, sa voix se mêlant à celles de ses compatriotes dans un chœur harmonieux qui semblait dissoudre les barrières du temps et de l'espace. Lee se tenait à côté, un observateur silencieux, se sentant peut-être comme un étranger, mais partageant l'esprit communautaire à travers la joie palpable de Marina.

La fête a continué dans la nuit, remplie de rires, de musique et du tintement des verres. C'était un répit temporaire face aux complexités et incertitudes de leurs vies, un moment d'immersion culturelle qui offrait un sentiment d'appartenance.

Alors qu'ils rentraient chez eux, les rues maintenant plus sombres et plus froides, le poids de leur réalité commençait à se réinstaller. La chaleur et la camaraderie de la fête étaient remplacées par la tension familière qui marquait leur existence quotidienne. Les pensées de Lee ont probablement dérivé vers son désenchantement toujours croissant avec le monde qui l'entoure, tandis que Marina s'accrochait aux vestiges de la joie de la soirée, un petit mais significatif rappel de son héritage.

Connally prête serment en tant que gouverneur du Texas.

Date : Mardi, 15 janvier 1963.

Heure : Inconnue.
Ville : Austin.
État : Texas.

Le matin du 15 janvier 1963, une aube fraîche et claire s'est levée sur Austin, Texas. La ville bourdonnait d'anticipation et d'excitation. Les rues grouillaient de monde, leur souffle visible dans l'air froid alors qu'ils se dirigeaient vers le Capitole. C'était un jour de promesse et de nouveaux départs, alors que John Connally se préparait à prêter serment en tant que gouverneur du Texas.

Le bâtiment du Capitole se dressait majestueusement contre le ciel azur, son toit en dôme scintillant sous les premiers rayons du soleil. Les drapeaux flottaient dans la brise vive, et un sentiment d'histoire en train de se faire imprégnait l'air. La foule s'était rassemblée devant les marches, une mer de visages impatients, chacun faisant partie de la tapisserie de la population diverse du Texas. Familles, étudiants et dignitaires attendaient avec un souffle retenu, leur excitation palpable.

À l'intérieur du Capitole, l'atmosphère était solennelle et pleine d'attente. John Connally, avec sa grande stature et son comportement confiant, était prêt à assumer le manteau du leadership. Sa famille et ses proches collaborateurs l'entouraient, leurs expressions mélangeaient fierté et joie. Le parcours de Connally jusqu'à ce moment avait été marqué par le dévouement et le service, et aujourd'hui était l'aboutissement de ses efforts.

Alors que l'heure approchait, le juge en chef prit sa place et la foule à l'extérieur se tut en unisson, l'air lourd d'anticipation. Connally s'avança, son visage reflétant à la fois la détermination et l'humilité. Avec sa main droite levée, il prêta serment, sa voix claire et stable, résonnant avec le poids de son engagement.

"Moi, John Bowden Connally, je jure solennellement que j'exécuterai fidèlement les devoirs de la fonction de Gouverneur de l'État du Texas, et je préserverai, protégerai et défendrai la Constitution et les lois des États-Unis et de cet État, du mieux que je peux, que Dieu me vienne en aide."

Les mots résonnaient à travers les couloirs du Capitole et jusqu'à la foule, chaque syllabe étant une promesse pour le peuple du Texas. Un applaudissement retentissant a éclaté lorsque Connally a terminé le serment, les applaudissements de la foule témoignant de leur confiance et de leur espoir en son leadership. Le visage de Connally s'est éclairé d'un large sourire, ses yeux reflétant la fierté et la responsabilité qu'il ressentait à ce moment-là.

En tant que nouveau gouverneur, Connally s'est rapidement immergé dans les devoirs de son bureau. Son programme était ambitieux, visant à favoriser la croissance économique, améliorer l'éducation et moderniser l'infrastructure. Mais peut-être que l'une de ses tâches les plus importantes était encore à venir - la planification de la prochaine visite du président John F. Kennedy au Texas.

Marina Oswald écrit à l'ambassade soviétique.

Date : 17 février 1963.

Heure : Inconnue.
Ville : Dallas.
État : Texas, USA.

Par une froide journée de février 1963, les murs de la modeste maison de Dallas ont été témoins d'un moment d'une profonde signification. Marina Oswald, la jeune épouse de Lee Harvey Oswald, se trouvait assise à un petit bureau, un simple stylo à la main, et une feuille de papier vierge devant elle. La maison était calme, à part le bruissement occasionnel du vent à l'extérieur et le bourdonnement lointain de la vie citadine. Ses pensées, cependant, étaient loin de la tranquillité de son environnement.

L'esprit de Marina était accablé d'inquiétude et d'incertitude. Depuis qu'elle avait quitté son Union soviétique natale pour une nouvelle vie en Amérique avec son mari, Lee Harvey Oswald, elle avait dû faire face à d'immenses défis pour s'adapter à une nouvelle culture, langue et pays. Ces difficultés, combinées aux luttes internes constantes de Lee, ont créé de sérieuses tensions dans leur relation. Marina a subi des violences domestiques de la part de Lee, ce qui a encore affaibli leur lien et approfondi son désespoir. Cherchant désespérément un foyer paisible pour sa famille, elle s'est tournée vers l'ambassade soviétique, espérant exprimer ses plus profondes préoccupations et trouver une lueur d'espoir.

"Chers Messieurs," commença-t-elle en anglais soigné et pratiqué, son écriture soignée mais trahissant le léger tremblement de sa main. *"Je vous écris dans un état de grande détresse et d'incertitude."*

L'encre coulait régulièrement alors que Marina déversait ses inquiétudes sur la page. Elle racontait les défis auxquels elle était confrontée en Amérique, l'isolement, la barrière de la langue, et le sentiment accablant d'être à la dérive dans un pays étranger. Son mari, Lee, avait ses propres problèmes, et ensemble, ils luttaient pour trouver une stabilité.

Le désir de Marina pour la familiarité et la sécurité de sa patrie était palpable dans ses mots. Elle écrivait sur l'accueil froid qu'elle ressentait parfois de ceux qui l'entouraient, le soupçon qui semblait persister au-dessus de leur foyer. Le gouffre culturel entre sa vie passée et présente semblait insurmontable, et elle aspirait au confort de sa langue maternelle, sa famille, et le mode de vie soviétique.

Alors qu'elle continuait à écrire, sa demande est devenue claire : elle demandait de l'aide pour retourner en Union Soviétique. La décision n'était pas facile, mais les difficultés qu'elle et Lee avaient rencontrées en Amérique l'avaient poussée à envisager de retourner dans son pays natal. Elle a expliqué que malgré leurs meilleurs efforts, la promesse d'une nouvelle vie aux États-Unis ne s'était pas concrétisée comme ils l'avaient espéré.

"Je sollicite votre aide pour obtenir les autorisations et documents nécessaires", a conclu la lettre de Marina. *"Je souhaite retourner dans ma patrie, à l'endroit où je me sens appartenir. Veuillez m'aider de toutes les manières possibles."*.

Marina a soigneusement plié la lettre, la glissant dans une enveloppe. En la scellant, elle ressentit un mélange de soulagement et d'appréhension. Cette lettre était une bouée de sauvetage jetée dans le vaste océan de son incertitude, un appel désespéré pour un retour à la vie qu'elle connaissait avant que son monde ne soit bouleversé.

Dans les jours qui ont suivi, Marina attendait anxieusement une réponse. Chaque instant qui passait semblait s'étirer en une éternité, son cœur lourd d'espoir et de crainte. L'ambassade soviétique tiendrait-elle compte de son appel à l'aide ? Comprendraient-ils la profondeur de son désespoir et son désir de rentrer chez elle ?

La lettre envoyée le 17 février 1963, serait plus tard examinée par les fonctionnaires et les historiens, alors qu'ils reconstituaient la vie et les motivations de Lee Harvey Oswald et de sa famille. Pour Marina, c'était une tentative sincère de retrouver son chemin vers un endroit qu'elle comprenait, au milieu du paysage déroutant de sa nouvelle vie en Amérique.

Ruth Paine rencontre les Oswald à la fête d'Everett Glover.

Date : Vendredi, 22 février 1963.

Heure : Soirée.
Ville : Dallas.
État : Texas.

La soirée du 22 février 1963 était une nuit d'hiver typiquement fraîche à Dallas, Texas. Les lumières de la ville scintillaient contre le ciel clair et sombre alors que les gens vaquaient à leurs routines du soir, inconscients de la rencontre fatidique qui allait avoir lieu dans la modeste maison d'Everett Glover.

À l'intérieur, l'atmosphère était chaleureuse et accueillante, remplie du doux murmure des conversations et des éclats de rire occasionnels. Everett Glover, une figure amicale et sociable de la communauté locale d'émigrés russes, avait rassemblé un petit groupe d'amis pour une réunion informelle. La maison était animée par le tintement des verres, le bruissement des manteaux d'hiver qui étaient accrochés, et le mélange de l'anglais et du russe, créant un échange culturel unique.

Parmi les invités ce soir-là se trouvaient Lee Harvey Oswald et sa femme d'origine russe, Marina. Le couple, relativement nouveau dans la région de Dallas, avait essayé de s'intégrer à la communauté locale. Lee, avec son comportement sérieux et son regard intense, contrastait fortement avec la présence plus réservée et quelque peu mélancolique de Marina. Ils se déplaçaient dans la foule, engageant une conversation polie mais restant principalement entre eux.

Ruth Paine, une femme grande et gracieuse avec une disposition ouverte et amicale, était arrivée à la fête un peu plus tard que la plupart. Quaker avec un profond sens de responsabilité sociale et un intérêt pour les cultures étrangères, Ruth était impatiente de rencontrer de nouvelles personnes et de créer des liens significatifs. En entrant dans le salon, ses yeux ont été attirés par le couple discret se tenant un peu à l'écart du groupe principal d'invités.

Everett, toujours l'hôte attentif, remarqua la curiosité de Ruth et la guida vers les Oswald. "Ruth, j'aimerais que tu rencontres Lee et Marina Oswald. Ils viennent de rentrer de l'Union Soviétique", présenta-t-il, sa voix portant une note d'enthousiasme.

Ruth a souri chaleureusement, tendant d'abord la main à Lee, puis à Marina. *"C'est un plaisir de vous rencontrer tous les deux"*, a-t-elle dit, sa voix gentille et accueillante. *"J'ai toujours été fascinée par la Russie et sa culture. Comment trouvez-vous Dallas ?"*.

Lee a répondu par un hochement de tête poli mais laconique, son expression étant réservée. Marina, en revanche, semblait s'éclairer légèrement face à l'intérêt sincère de Ruth. Son anglais était très faible et difficile à comprendre, mais elle a commencé à partager un peu de leurs expériences et des défis auxquels ils étaient confrontés en s'adaptant à la vie en Amérique.

Au fur et à mesure que la soirée avançait, Ruth se retrouvait de plus en plus engagée dans une conversation profonde avec Marina. Elles parlaient des différences entre la vie aux États-Unis et en Union Soviétique, de leurs familles et de leurs espoirs pour l'avenir. L'empathie de Ruth et son intérêt sincère ont créé un lien immédiat entre les deux femmes.

Lee, bien que plus réservé, observait leur interaction avec un mélange de curiosité et d'approbation. Il était clair que Marina avait besoin d'amitié et de soutien, et Ruth semblait plus que disposée à offrir les deux. Le lien forgé ce soir-là jouerait bientôt un rôle significatif dans la vie de tous les impliqués.

La fête a continué avec son flux et reflux habituel, les invités entrant et sortant des conversations, la chaleur de la connexion humaine repoussant le froid de la nuit de Dallas. La musique jouait doucement en arrière-plan, ajoutant à l'atmosphère conviviale. La conversation de Ruth et Marina était occasionnellement ponctuée par le rire facile de Ruth et les sourires timides de Marina, créant une petite île de camaraderie dans la salle animée.

Alors que la soirée touchait à sa fin, Ruth proposa à Marina de la ramener chez elle. Lee accepta l'offre avec gratitude, reconnaissant la gentillesse et le potentiel d'une amitié soutenante pour sa femme. Alors qu'ils traversaient les rues calmes de Dallas, les graines d'une connexion durable étaient semées, une connexion qui allait bientôt grandir pour avoir des implications imprévues et de grande portée.

Les jours suivants ont vu l'amitié entre Ruth et Marina se renforcer. Les visites de Ruth chez les Oswald sont devenues plus fréquentes, et elle a offert un soutien pratique à la jeune famille, allant de l'aide aux leçons d'anglais à la fourniture d'une compagnie très nécessaire. Marina, isolée et en difficulté dans un pays étranger, a trouvé en Ruth un phare d'espoir et une source de force.

Cette réunion, apparemment ordinaire, serait plus tard considérée comme un moment clé dans le réseau complexe d'événements entourant la vie des Oswald. Pour l'instant, elle restait une simple connexion humaine établie grâce à des histoires partagées et un respect mutuel, une brève pause dans le monde complexe et souvent difficile que les Oswald traversaient quotidiennement.

Les instructions de l'ambassade soviétique à Marina.

Date : Vendredi, 8 mars 1963.

Heure : Inconnue.
Ville : Dallas.
État : Texas.

Ce vendredi particulier, le 8 mars, Marina Oswald a reçu une lettre qui allait momentanément raviver ses espoirs de retourner dans son pays natal.

La lettre, écrite avec la précision formelle caractéristique de la bureaucratie soviétique, contenait des instructions claires. Marina devait remplir une demande, détaillant sa biographie avec un soin méticuleux. Les fonctionnaires soviétiques exigeaient non seulement les faits principaux de sa vie, mais un récit complet, un compte rendu complet de ses expériences et de son passé. Cette biographie détaillée devait accompagner sa demande d'autorisation de retourner en Union Soviétique. Le processus, notait la lettre avec une nonchalance presque bureaucratique, prendrait cinq à six mois.

Alors que Marina lisait la lettre, la réalité de la situation commençait à s'imposer. L'idée de retourner en Union Soviétique, un endroit qu'elle considérait toujours comme chez elle, a dû susciter un tourbillon d'émotions. La demande de l'ambassade n'était pas simplement une formalité ; c'était une plongée profonde dans son histoire personnelle, un recueil de souvenirs, à la fois amers et doux. La biographie devait refléter sa vie en Amérique, son mariage avec Lee, et la naissance de leur enfant. Chaque détail comptait, chaque fait devait être corroboré, chaque partie de son existence devait être mise à nu.

L'approche froide et méthodique de l'ambassade soviétique était évidente dans la manière dont ils ont détaillé les étapes. Marina devait s'assurer que la demande était complète, ne laissant aucune pierre non retournée. Ils voulaient qu'elle démontre non seulement son désir de retourner, mais aussi son lien avec l'Union soviétique, un lien qui devait être fort et indéniable. La lettre aurait pu sembler une tâche simple, mais en réalité, c'était un obstacle bureaucratique significatif, un témoignage des complexités de la vie internationale et politique.

Lee, avec sa propre histoire conflictuelle avec l'Union soviétique, était un autre facteur dans ce récit. Sa vie en tant que citoyen américain qui a autrefois fait défection à l'Union soviétique puis est revenu aux États-Unis a ajouté des couches de complexité à la demande de Marina. Les instructions de l'ambassade étaient claires : Lee, étant un citoyen américain, resterait aux États-Unis. Cette stipulation soulignait les subtilités géopolitiques que Marina devait naviguer. Son retour n'était pas seulement un voyage personnel mais un voyage entrelacé avec le contexte plus large de la Guerre Froide, où chaque mouvement était scruté, et chaque décision avait des ramifications potentielles.

Alors que Marina commençait le processus laborieux de compilation de sa biographie, elle a dû réfléchir à son parcours jusqu'à présent. Sa vie en Union Soviétique, sa décision d'épouser Lee, leur temps en Amérique, et les défis auxquels ils ont été confrontés lui sont tous revenus en mémoire. La biographie était plus qu'une simple obligation ; c'était un moyen de revivre et de réévaluer sa vie, de comprendre le chemin qui l'a menée à ce point.

Les cinq à six mois d'attente semblaient à la fois courts et interminables. C'était un moment pour Marina et Lee d'espérer et de s'inquiéter, de se préparer à un avenir aussi incertain que prometteur. Les instructions de l'ambassade étaient claires, mais le chemin à venir était tout sauf cela.

Klein's Sporting Goods reçoit une commande par correspondance pour un fusil.

Date : Mercredi 13 mars 1963.

Heure : Inconnue.
Ville : Chicago.
État : Illinois.

Situé au cœur de la ville de Chicago, Klein's Sporting Goods était un carrefour pour les passionnés de sports de plein air et d'armement. Les planchers en bois craquaient sous le poids des clients impatients, et l'air était empli de l'odeur distincte du métal huilé et du papier frais des nouveaux catalogues.

Au milieu des allées animées et du doux murmure des conversations, le département de vente par correspondance était un tourbillon d'activité. Des piles d'enveloppes et de formulaires de commande encombraient les bureaux, chacun représentant un client quelque part à travers le pays, attendant avec impatience leur achat. Ce jour-là, une enveloppe, marquée d'une écriture soignée mais sans éclat, a attiré l'attention du commis qui triait la pile.

Le bon de commande, daté du 13 mars 1963, était pour l'article C20-750, un fusil italien Carcano modèle 1938, surplus de la Seconde Guerre mondiale. Au prix de 21,45 $, qui comprenait 19,95 $ pour le fusil et 1,50 $ supplémentaire pour les frais de port et de manutention, c'était une aubaine pour les amateurs d'armes de l'époque. Ce modèle particulier, équipé d'une lunette 4x, avait été largement annoncé dans le numéro de février 1963 de American Rifleman, un magazine largement diffusé parmi les amateurs de tir.

Le nom sur le bon de commande était A. Hidell, un pseudonyme qui serait plus tard révélé comme étant utilisé par Lee Harvey Oswald. L'adresse de livraison, une boîte postale à Dallas, Texas, semblait assez routinière pour le commis, qui ignorait l'importance que cette commande aurait dans les annales de l'histoire américaine.

Avec une efficacité rodée, le commis a traité la commande, notant le numéro de série C2766 sur le fusil à envoyer. Le fusil, une relique d'une guerre révolue, portait les marques de son histoire - le bois usé poli à un éclat dû à des années de manipulation, les pièces métalliques huilées et entretenues pour garantir leur fonctionnalité. C'était une pièce discrète, son héritage n'étant pas encore gravé dans les pages du temps.

Alors que le fusil était emballé pour l'expédition, les pensées du commis se sont brièvement égarées vers le client, imaginant un chasseur ou peut-être un collectionneur désireux d'ajouter cette pièce à leur collection. Peu de gens chez Klein's Sporting Goods savaient que cette transaction, parmi d'innombrables autres traitées ce jour-là, était un petit moment pourtant crucial dans une histoire beaucoup plus grande et plus sombre.

De retour à Dallas, Lee Harvey Oswald vaquait à ses occupations, l'anticipation de l'arrivée de sa commande n'étant qu'un détail supplémentaire dans ses plans minutieusement élaborés. La boîte postale, un point de contact sécurisé, attendait l'arrivée du colis qui allait bientôt changer le cours de l'histoire.

Le fusil, une fois expédié, parcourrait des centaines de kilomètres, à travers champs et villes, transporté par des trains et des camions, son voyage étant banal pour ceux qui le manipulaient en cours de route. Ce n'était qu'un autre colis, l'un des milliers circulant à travers le vaste réseau du commerce américain.

À son arrivée à Dallas, le fusil serait récupéré par Oswald, qui l'inspecterait soigneusement, s'assurant qu'il répondait à ses attentes. Le bois poli, le métal froid et l'optique précise de la lunette seraient tous examinés avec un œil méticuleux. Ce n'était pas un achat ordinaire ; c'était un outil pour un objectif connu seulement d'Oswald lui-même.

Envoi de la demande de visa de Marina pour rentrer en Russie.

Date : Dimanche, 17 mars 1963.

Heure : Inconnue.
Ville : Dallas.
État : Texas.

Au milieu du calme d'un après-midi à Dallas, Lee Harvey Oswald et sa femme, Marina, ont travaillé ensemble pour finaliser sa demande de visa pour retourner en Union Soviétique. Marina, remplie d'un mélange d'espoir et d'appréhension, a préparé méticuleusement les documents, ses pensées imprégnées de nostalgie pour les paysages familiers de sa patrie.

Lee a aidé Marina à détailler sa vie en Russie, se remémorant les rues animées de sa ville natale et la cadence réconfortante de la langue russe qui semblait maintenant comme une mélodie lointaine. Marina a écrit sur son travail en tant que pharmacienne, une profession dont elle était fière, où chaque ordonnance qu'elle préparait était un petit acte de service pour sa communauté. Son écriture coulait avec fluidité alors qu'elle racontait les journées passées en blouses blanches, l'odeur stérile des médicaments, et les rangées ordonnées de fioles et de bouteilles.

L'application comprenait une autobiographie d'une page, un récit condensé mais poignant de l'existence de Marina jusqu'à présent. Elle a parlé de son éducation en Union Soviétique, des valeurs inculquées par ses parents, et du patrimoine culturel qu'elle chérissait. Chaque phrase était un témoignage de son identité, un appel à la reconnaissance des autorités de sa patrie.

Un questionnaire de deux pages, une exigence formelle, accompagnait sa lettre. Marina l'a abordé avec le même soin, répondant à chaque question de manière approfondie. Elle a écrit sur son statut actuel de femme au foyer, un rôle qu'elle avait accepté avec un mélange de nécessité et de résignation. Les journées étaient longues et souvent solitaires, Lee étant fréquemment préoccupé par ses propres entreprises, laissant Marina naviguer dans le labyrinthe d'une culture étrangère principalement seule.

Dans ses explications, Marina n'a pas hésité à exprimer les défis auxquels elle a été confrontée - le mal du pays qui rongeait son esprit et le sentiment d'isolement qui l'accompagnait à chaque pas. Son récit était celui d'une femme prise entre deux mondes, désireuse de retourner dans celui qui lui semblait le plus comme chez elle. Les États-Unis, malgré leurs opportunités, restaient une terre étrangère où elle peinait à trouver sa place.

Alors qu'ils terminaient sa lettre, Marina parcourait les pages, s'assurant que chaque détail était précis et que chaque émotion était transmise. La demande n'était pas seulement une demande formelle, mais un appel sincère, un pont vers la vie qu'elle connaissait autrefois. Marina plia soigneusement les papiers, les scellant dans une enveloppe avec une finalité qui se sentait à la fois libératrice et lourde du poids de l'incertitude.

Le processus, ils le savaient, prendrait du temps. L'ambassade avait déjà prévenu Marina qu'il pourrait s'écouler cinq à six mois avant qu'ils ne reçoivent une réponse. Pourtant, à ce moment-là, alors qu'elle et Lee posaient l'enveloppe sur le bureau, prête à être envoyée, le couple ressentait une petite lueur d'espoir. C'était l'espoir d'un retour à la familiarité, à l'étreinte réconfortante de la patrie de Marina, où les rythmes de la vie étaient connus et prévisibles.

Oswald travaille son dernier jour chez Jaggars-Chiles-Stovall.

Date : Lundi, 1er avril 1963.

Heure : Inconnue.
Ville : Dallas.
État : Texas.

La ville était animée d'activité, mais dans les limites de Jaggars-Chiles-Stovall, un sentiment de finalité pesait lourdement. Lee Harvey Oswald, avec sa précision caractéristique, terminait son dernier jour dans l'entreprise en tant qu'apprenti en impression photo. Le bourdonnement constant des machines fournissait un fond sonore constant alors qu'il accomplissait méticuleusement ses tâches, son esprit vagabondant peut-être vers l'avenir incertain qui l'attendait.

L'air de l'usine était teinté de l'odeur familière de l'huile et du métal, un parfum qui était devenu une partie de la routine quotidienne d'Oswald au cours des six derniers mois. Son travail impliquait des tâches d'impression photo, mais il se heurtait fréquemment à ses collègues et était impliqué dans plusieurs altercations.

Ce jour-là, Oswald a été relevé de ses fonctions. Son comportement conflictuel et ses mauvaises performances professionnelles ont conduit à son licenciement. Son départ de Jaggars-Chiles-Stovall a été sans cérémonie, marqué par une sortie discrète qui s'est fondue dans la soirée de la ville, signifiant un autre échec dans sa vie tumultueuse.

Une balle a été tirée sur Edwin Walker.

Date : Mercredi, 10 avril 1963.

Heure : Inconnue.
Ville : Dallas.
État : Texas.

Lors d'une soirée ordinaire de printemps à Dallas, l'air était calme et le crépuscule jetait une lueur sereine sur la ville. La banlieue tranquille où résidait le général à la retraite Edwin Walker était paisible, avec les sons de la nature enveloppant doucement le quartier. Walker, un anticommuniste convaincu et un défenseur vocal de la droite, était dans son bureau, probablement absorbé par ses activités habituelles.

Alors que la soirée s'approfondissait, une présence menaçante se cachait dans les ombres à l'extérieur de la maison de Walker. Un homme, armé d'un fusil, se positionna furtivement. La distance entre lui et sa cible était de moins de 40 mètres, une portée facilement couverte par la précision de son arme. La tension dans l'air était palpable, un prélude silencieux à l'acte imminent.

Avec une précision calculée, le tireur a pris pour cible. Le silence a été brisé par le bruit soudain d'un coup de fusil, une intrusion violente dans la tranquillité de la nuit. La balle, tirée avec une intention mortelle, a manqué de peu sa cible, frappant le cadre de la fenêtre et se logeant dans le mur, à quelques centimètres seulement de Walker. Le général à la retraite, secoué par l'attaque inattendue, a été ébranlé mais indemne.

Les conséquences du tir ont laissé le quartier dans un état de choc. La police est arrivée rapidement, leur enquête révélant la trajectoire et l'origine de la balle. La détermination était claire : le tir provenait d'une position dissimulée à moins de 40 mètres. Pourtant, malgré leurs efforts, l'affaire est restée un mystère non résolu, une énigme déconcertante dans les annales du crime à Dallas.

Pendant des mois, l'identité de l'agresseur est restée inconnue, enveloppée de spéculations et d'incertitudes. Ce n'est que plus tard, à la suite de l'assassinat du président John F. Kennedy, que les pièces ont commencé à s'assembler. Marina Oswald, dans un état de chagrin et cherchant à se décharger de ses soupçons, a informé le FBI qu'il se pourrait que ce soit son mari qui ait tiré le coup de feu sur Walker.

Cette révélation a jeté une nouvelle lumière sur les événements de cette nuit d'avril, liant Oswald à la tentative d'assassinat d'Edwin Walker. Les détails, corroborés par le témoignage de Marina, ont fourni un aperçu glaçant des actions d'Oswald et de son escalade vers les événements tragiques qui allaient bientôt se dérouler. La nuit du 10 avril 1963 est donc restée gravée dans l'histoire, comme un prélude à l'acte plus dévastateur qui allait suivre, modifiant à jamais le cours de l'histoire américaine.

L'ambassade soviétique demande à Marina d'expliquer ses raisons pour retourner.

Date : Jeudi, 18 avril 1963.

Heure : Inconnue.
Ville : Dallas.
État : Texas.

Ce jeudi particulier, Marina a reçu une lettre de l'ambassade soviétique qui allait encore compliquer sa vie déjà tumultueuse. La lettre, rédigée dans le ton formel caractéristique de la correspondance diplomatique, demandait à Marina de se rendre en personne à Washington, D.C., ou d'expliquer par écrit ses raisons de vouloir retourner en Union Soviétique.

Marina était assise à la table de la cuisine, la lettre déployée devant elle, son langage officiel austère contrastant fortement avec le désordre familial des plats du petit déjeuner et des jouets d'un enfant. La demande de l'ambassade était à la fois un défi intimidant et une lueur d'espoir - un pas possible vers le retour à la maison, mais chargé du potentiel de retards bureaucratiques et de déceptions.

L'air dans le petit appartement semblait lourd alors qu'elle réfléchissait à la demande de l'ambassade. L'arrivée de la lettre avait interrompu sa routine matinale, une série de tâches familières qui apportaient une apparence de normalité à son existence par ailleurs imprévisible. Maintenant, son esprit était envahi par des pensées sur la meilleure façon de répondre aux exigences de l'ambassade.

Visiter Washington semblait être une tâche impossible. Le voyage nécessiterait de l'argent qu'ils n'avaient pas et des arrangements pour leur enfant, sans parler de l'opposition probable de Lee, dont le tempérament volatile dictait souvent leurs décisions. Marina soupira profondément, le poids de sa situation pesant sur elle.

Écrire une lettre, bien qu'apparemment plus simple, n'était pas moins intimidant. Elle devait exprimer non seulement son désir de retourner, mais aussi les raisons profondes derrière cela - les liens émotionnels, culturels et familiaux qui la ramenaient à l'Union Soviétique. Ce n'était pas seulement une question de déménagement géographique ; il s'agissait de retrouver un sentiment d'identité et d'appartenance qu'elle avait perdu depuis son arrivée en Amérique.

Déterminée, elle tira une feuille de papier fraîche du tiroir et commença à écrire. Elle décrivit sa vie à Dallas - l'isolement, la dissonance culturelle et la lutte constante pour joindre les deux bouts. Elle écrivit sur son désir pour sa patrie, un endroit où elle se sentait vraiment appartenir. Elle détailla également les raisons pratiques, soulignant son besoin de soutien familial et l'environnement culturel qu'elle souhaitait pour son enfant.

La lettre grandissait alors qu'elle y versait son cœur, chaque phrase étant un témoignage de sa résilience et de son espoir. Elle savait que cette missive était plus qu'une simple formalité bureaucratique ; c'était une bouée de sauvetage, un appel à la compréhension et à l'aide.

Marina a terminé la lettre, la relisant attentivement pour s'assurer qu'elle reflétait la profondeur de ses sentiments et la clarté de sa demande. Elle espérait que les responsables de l'ambassade verraient sa sincérité et lui accorderaient l'autorisation qu'elle recherchait si désespérément.

Johnson annonce une éventuelle visite de Kennedy au Texas.

Date : Mardi, 23 avril 1963.

Heure : Inconnue.
Ville : Dallas.
État : Texas.

Alors que l'air doux du printemps de Dallas enveloppait la ville animée, le vice-président Lyndon B. Johnson se tenait devant un groupe de journalistes impatients. Le soleil de l'après-midi jetait une teinte dorée sur la scène, illuminant le visage large et buriné de Johnson, qui portait les marques indéniables d'un homme profondément lié au cœur du Texas. Sa voix, résonnante et imprégnée de l'accent de ses racines du Sud, portait à travers la foule rassemblée, attirant l'attention des passants qui s'arrêtaient pour attraper un fragment de nouvelles qui se propagerait à travers la nation.

"Le président Kennedy pourrait visiter le Texas cet été", a déclaré Johnson, ses yeux balayant les visages devant lui, évaluant leurs réactions. Les journalistes, stylos en main et appareils photo cliquant, se sont rapprochés, leur anticipation palpable. Johnson a continué, esquissant un programme qui reflétait à la fois ambition et un sens aigu de l'hospitalité.

L'itinéraire proposé était aussi grand que le Texas lui-même. Johnson envisageait une journée qui commencerait par un copieux petit-déjeuner à Fort Worth, où Kennedy rencontrerait des chefs d'entreprise locaux et des citoyens, donnant le ton à une journée de connexion et de dialogue. Le petit-déjeuner à Fort Worth était plus qu'un repas ; c'était une occasion pour le Président de plonger dans la tapisserie économique et culturelle unique de cette partie du Texas, pour comprendre ses espoirs et ses défis de première main.

De Fort Worth, le voyage mènerait à Dallas pour un déjeuner. Johnson a décrit le déjeuner avec un enthousiasme qui peignait des images vives dans l'esprit de ses auditeurs. Ce serait un rassemblement

97

des figures les plus influentes de la ville, une convergence de leaders politiques, économiques et sociaux, tous impatients d'entendre et d'interagir avec le Président. Le déjeuner, a souligné Johnson, serait une plateforme pour discuter des problèmes critiques auxquels sont confrontés non seulement le Texas, mais aussi la nation dans son ensemble. La présence de Kennedy donnerait un air de gravité, ses mots pourraient potentiellement façonner le discours pour les mois à venir.

Alors que le soleil passait son zénith, l'entourage du Président se dirigeait vers San Antonio pour le thé de l'après-midi. L'image de Kennedy, détendu et accessible, sirotant du thé tout en engageant des conversations légères mais significatives avec les dignitaires locaux et les leaders de la communauté, était à la fois charmante et stratégique. San Antonio, avec son riche mélange de cultures et d'histoires, offrirait à Kennedy une perspective unique sur la diversité qui sous-tendait la force du Texas.

La journée culminerait par un grand dîner à Houston, une ville synonyme d'innovation et de pensée progressiste. Johnson a parlé du dîner comme d'une célébration, une fin appropriée à une journée d'engagement substantiel. À Houston, entouré de leaders de l'industrie et de l'éducation, Kennedy aurait l'occasion de renforcer sa vision pour l'avenir de l'Amérique, un avenir où l'esprit d'innovation et de collaboration ouvrirait la voie au progrès.

L'annonce de Johnson était plus qu'une simple déclaration d'intention ; c'était un récit soigneusement élaboré conçu pour mettre en évidence la relation symbiotique entre le Texas et les aspirations plus larges de l'administration Kennedy. Les mots du vice-président étaient imprégnés d'un sentiment de fierté et d'anticipation, reflétant sa conviction profonde de l'importance de cette visite.

Alors que les journalistes griffonnaient furieusement, capturant chaque nuance du discours de Johnson, la ville de Dallas semblait vibrer d'une énergie nouvelle. La perspective d'accueillir le Président était une source d'immense fierté, une occasion de montrer le meilleur du Texas à la nation et au monde.

Dans les jours qui ont suivi, l'annonce de Johnson a été disséquée et discutée sur diverses plateformes médiatiques. L'itinéraire envisagé a été perçu comme un témoignage de l'importance stratégique du Texas, non seulement en termes politiques, mais aussi en tant que puissance culturelle et économique. Pour beaucoup, la visite proposée était un symbole d'unité, une réaffirmation des liens qui unissent les divers États d'Amérique.

Accords pour la Visite du Président au Texas.

Date : Mercredi, 5 juin 1963.

Heure : Inconnue.
Ville : El Paso.
État : Texas.

Le 5 juin 1963, sous le soleil accablant du Texas, la petite ville d'El Paso s'est retrouvée au centre de l'attention nationale. Une réunion d'une importance profonde avait lieu, où le président John F. Kennedy, le vice-président Lyndon B. Johnson et le gouverneur du Texas John Connally étaient rassemblés. L'ambiance était chargée du poids de la stratégie politique et de la promesse d'engagements futurs. Ce jour marquerait la planification d'une visite présidentielle cruciale au Texas plus tard cette année.

Dans la salle de conférence modeste mais animée, le trio délibérait autour d'un café et d'une conversation sincère. Le président Kennedy, avec son charme caractéristique et sa détermination, discutait de l'importance d'une seconde visite au Texas, reconnaissant le rôle crucial de cet État dans sa campagne de réélection. Le vice-président Johnson, Texan de naissance et de cœur, soulignait l'importance de s'engager avec la population locale. Il envisageait un itinéraire minutieusement planifié qui mettrait en valeur les principales villes texanes, mettant en avant la culture dynamique de l'État et le soutien à l'administration Kennedy.

Le gouverneur Connally, avec sa profonde compréhension de la politique texane, a offert ses perspectives sur la logistique et l'impact potentiel d'une telle visite. Il a parlé des foules enthousiastes, de la ferveur patriotique et de l'opportunité unique de consolider le soutien de l'administration dans le Sud. La pièce, emplie de l'arôme du café fort et des murmures des stratèges, témoignait de leurs efforts collaboratifs et de leur détermination partagée.

Au fur et à mesure que la réunion progressait, des accords ont été conclus et des plans ont été esquissés sur papier. L'itinéraire proposé était ambitieux : un petit-déjeuner à Fort Worth, un déjeuner à Dallas, un thé l'après-midi à San Antonio et un dîner à Houston. Chaque événement a été soigneusement conçu pour maximiser l'engagement du public et la couverture médiatique. Le Président, avec un sentiment d'anticipation, a approuvé le plan, impatient de saisir l'occasion de renouer avec le peuple du Texas une fois de plus.

Kennedy prévoit un voyage au Texas pour des levées de fonds et des efforts de réélection.

Date : Jeudi, 6 juin 1963.

Heure : Inconnue.
Ville : Washington, D.C.
État : District de Columbia.

6 juin : Dans la chaleur estivale précoce de Washington, D.C., le président John F. Kennedy est assis dans le bureau ovale, contemplant le paysage politique à venir. Le bourdonnement de l'activité à l'extérieur de sa fenêtre contraste avec la détermination tranquille à l'intérieur. Kennedy s'apprête à entreprendre un voyage important au Texas, avec trois objectifs critiques en tête. Le premier est de collecter des fonds très nécessaires pour la campagne présidentielle du Parti démocrate. Les coffres de la campagne ont besoin d'être reconstitués, et le Texas, avec ses donateurs fortunés et sa scène politique dynamique, est l'endroit idéal pour commencer.

Le deuxième objectif de Kennedy est personnel et politique : il se prépare pour sa campagne de réélection en novembre 1964. Le voyage au Texas marque le début de ce périple ardu. Le souvenir de la victoire étriquée en 1960, où le ticket Kennedy-Johnson a à peine réussi à passer au Texas, est prégnant. Dallas leur avait même tourné le dos, une offense que Kennedy est désireux de rectifier.

Son troisième objectif est peut-être le plus complexe. Le Parti démocrate du Texas est plein de conflits internes, des factions qui se battent les unes contre les autres. Kennedy comprend l'importance d'un front uni. Réparer ces clivages politiques est crucial pour une campagne de réélection réussie. Alors qu'il note ces objectifs, le poids du prochain voyage pèse sur ses épaules. Ce voyage n'est pas seulement une tournée politique ; c'est un mouvement stratégique dans le jeu à haut risque de la politique américaine.

La décision de Kennedy est ferme. Le voyage au Texas sera une tournée effrénée d'événements de collecte de fonds, de réconciliations politiques et de sessions de stratégie de campagne.

Oswald fait une demande de passeport américain.

Date : Lundi, 24 juin 1963.

Heure : Inconnue.
Ville : New Orleans.
État : Louisiane.

24 juin : La chaleur étouffante de l'été à la Nouvelle-Orléans pèse sur la ville, mais Lee Harvey Oswald avance avec détermination dans les rues animées. L'air est chargé d'humidité, de celle qui s'accroche à la peau et rend chaque pas comme un effort monumental. Pourtant, l'esprit d'Oswald est fixé sur un objectif singulier. Aujourd'hui, il fait une demande de passeport américain.

Entrant dans les confins frais et bureaucratiques du bureau des passeports, Oswald remplit les formulaires nécessaires avec une précision méticuleuse. Son stylo se déplace rapidement, notant qu'il prévoit de partir de la Nouvelle-Orléans entre octobre et décembre 1963. Son voyage proposé, dit-il, est en tant que touriste, pour une durée allant de trois mois à un an. Le greffier traite sa demande, à peine en jetant un coup d'œil à l'homme devant lui, juste un autre visage dans une mer de paperasse.

Alors que le jour s'estompe pour laisser place à la soirée, les pensées d'Oswald pourraient se tourner vers le voyage qu'il s'apprête à entreprendre. Le lendemain, ses efforts portent leurs fruits. On lui délivre le passeport américain DO 92526, un petit livret qui renferme la promesse d'un potentiel nouveau départ. Le passeport, valable pour trois ans, ouvre presque toutes les portes sauf celles de l'Albanie, de Cuba, et de certaines parties de la Chine, de la Corée et du Vietnam sous contrôle communiste.

Ce morceau de documentation, un symbole de la liberté et de la mobilité américaine, repose confortablement dans sa poche.

Lee demande un traitement rapide des demandes de visa.

Date : Lundi, 1er juillet, 1963.

De retour chez lui à Dallas, Lee Harvey Oswald était assis à son bureau, son esprit consumé par des pensées d'urgence et d'anticipation. Lee a commencé à rédiger une lettre pour l'ambassade soviétique, chaque mot soigneusement choisi pour exprimer son besoin pressant.

L'encre coulait régulièrement de son stylo alors qu'il formulait sa demande, les lettres noir vif contrastant avec le papier blanc. *"Chers Messieurs,"* commença-t-il, la salutation formelle étant un prélude au contenu lourd qui suivait. Il expliqua son désir et celui de Marina d'accélérer leurs demandes de visa, soulignant l'urgence de leur situation. Chaque phrase était un mélange de politesse et d'insistance, un équilibre délicat que Lee espérait résonnerait avec les fonctionnaires de l'ambassade.

Il a détaillé leurs raisons pour la demande accélérée, citant des difficultés personnelles et financières qui rendaient leur situation actuelle intenable.

L'écriture de Lee était soignée et précise, reflet de sa détermination. Il écrivait sur les défis auxquels ils étaient confrontés, la pression sur leurs ressources et le besoin urgent de sécuriser leur avenir. La lettre n'était pas seulement une demande, mais un argument soigneusement élaboré, chaque point se construisant sur le précédent, conçu pour obtenir une réponse favorable de l'ambassade.

La lettre était presque terminée. Lee relisait ses mots, s'assurant que chaque point était clair, chaque argument convaincant. Il signa son nom avec une certaine panache, la touche finale d'un document qu'il espérait changerait leur vie. Pliant soigneusement la lettre, il la plaça dans une enveloppe, la scellant avec un sentiment de finalité et de but.

La marche jusqu'à la poste fut brève, mais le poids de la lettre dans sa main semblait significatif.

Alors qu'il quittait le bureau de poste, le soleil commençait à se coucher, projetant une lueur chaleureuse sur la ville. Lee ressentait un mélange d'espoir et d'anxiété, l'avenir incertain mais plein de possibilités. Il savait que leur sort reposait désormais entre les mains des fonctionnaires de l'ambassade, et il ne pouvait qu'attendre et espérer que ses mots avaient trouvé leur cible.

La demande de Marina est transmise à Moscou.

Date : Lundi, 5 août 1963.

Heure : Inconnue.
Ville : Dallas.
État : Texas.

Marina Oswald a reçu une lettre de l'ambassade soviétique. Les mots sur la page, bien que simples, portaient le poids de ses espoirs et de ses peurs. L'ambassade l'a informée que sa demande avait été transmise à Moscou pour un traitement ultérieur. Cette simple notification signifiait que son appel pour retourner en Union Soviétique, sa patrie, n'était pas tombé dans l'oreille d'un sourd.

La lettre était une petite lueur d'espoir dans sa vie autrement tumultueuse. Elle symbolisait un retour potentiel à une vie qu'elle connaissait autrefois, un endroit où elle comprenait la langue, la culture et les coutumes. La possibilité de retourner en Russie offrait un sentiment de sécurité qu'elle désirait depuis son arrivée aux États-Unis.

Marina a soigneusement plié la lettre et l'a remise dans son enveloppe. Le voyage de Marina avait été semé d'embûches et de doutes. Depuis son arrivée aux États-Unis avec son mari, Lee Harvey Oswald, elle avait eu du mal à trouver sa place. Les barrières culturelles, les différences linguistiques et la tension politique de l'époque de la guerre froide la faisaient se sentir comme une étrangère. Le soutien qu'elle recevait de la communauté soviétique était une bouée de sauvetage, mais cela ne suffisait pas à apaiser son désir de retourner chez elle.

Alors qu'elle tenait la lettre, Marina pensait à son mari. Lee avait ses propres batailles à mener, et leur relation avait été tendue par les pressions de leur nouvelle vie. La décision de demander la rapatriement ne concernait pas seulement elle ; elle concernait leur avenir en tant que famille. La réponse de l'ambassade soviétique était un pas en avant, un signe qu'ils pourraient bientôt trouver une résolution à leurs luttes constantes.

Le processus bureaucratique était loin d'être terminé. Marina savait qu'il y aurait encore plus de paperasse, plus d'attente et plus d'incertitude. Mais pour l'instant, elle s'accordait un moment d'espoir. Elle pensait à sa fille, June, et à la possibilité de l'élever en Russie, où elle pourrait grandir entourée de sa famille et de son héritage.

Jack Valenti invite le président Kennedy.

Date : Mardi, 17 septembre 1963.

Heure : Inconnue.
Ville : Houston.
État : Texas.

17 septembre : L'air à Houston est chargé d'anticipation et de la chaleur persistante d'un été qui s'estompe alors que Jack Valenti, une figure importante du paysage politique de la ville, s'assoit pour rédiger une lettre importante. Son écriture élégante coule sans effort sur le papier à lettres. Le message est adressé à nul autre que la Maison Blanche, destiné aux yeux du président John F. Kennedy lui-même.

L'invitation de Valenti est une demande pour que le Président honore Houston de sa présence le 21 novembre. L'occasion est un dîner en l'honneur du député Albert Thomas, un pilier de la politique texane, qui a récemment pris la décision importante de ne pas prendre sa retraite du Congrès. Valenti connaît le poids de ses mots, et il espère que cette lettre, remplie d'admiration sincère et de la promesse d'une soirée grandiose, persuadera le Président d'assister.

Alors que Valenti scelle l'enveloppe, il imagine la scène : un grand bal orné des plus belles décorations, des tables dressées avec des couverts étincelants, et une liste d'invités distingués qui ressemble à un qui est qui des cercles politiques et sociaux du Texas. Le clou de la soirée serait sans aucun doute la présence du président Kennedy, symbole de son soutien et de son respect pour le député Thomas.

La lettre est expédiée avec hâte, faisant son chemin des rues animées de Houston jusqu'au cœur de la capitale nationale. Elle arrive à la Maison Blanche le 19 septembre, où elle est promptement livrée au personnel du Président. Là, au milieu du flot quotidien de correspondance, l'invitation de Valenti se distingue, un phare d'hospitalité texane et de camaraderie politique.

Les jours qui suivent sont remplis d'anticipation, alors que Valenti et ses pairs attendent avec impatience une réponse. La potentielle visite du Président Kennedy est plus qu'une simple formalité ; c'est un témoignage des liens forts entre l'administration et les figures politiques influentes du Texas. C'est une promesse d'unité et de collaboration, un geste qui pourrait avoir des implications considérables pour l'avenir politique de l'État.

À Houston, les préparatifs pour le dîner commencent sérieusement. Valenti imagine chaque détail, du menu qui mettra en valeur le meilleur de la cuisine texane aux discours qui seront prononcés avec une gratitude sincère et du respect. La possibilité de la présence du président Kennedy ajoute une couche d'excitation et de prestige à l'événement, le hissant à un événement historique.

Alors que l'invitation repose sur le bureau du Président, attendant sa considération, la ville de Houston retient son souffle. L'espoir de Jack Valenti, méticuleusement formulé dans cette lettre, est pour une soirée mémorable qui non seulement honorera le député Thomas, mais renforcera également les liens entre le Texas et la capitale nationale. La réponse, lorsqu'elle arrivera, préparera le terrain pour un chapitre inoubliable de l'histoire politique et sociale de Houston.

Marina déménage à Irving et Lee Harvey Oswald prépare son voyage au Mexique.

Date : Lundi, 23 septembre 1963.

Heure : Inconnue.
Ville : Irving.
État : Texas.

Lundi 23 septembre, Marina Oswald, ressentant le poids de sa situation, se prépare pour son déménagement à Irving, Texas. Ses pensées sont lourdes d'incertitude alors qu'elle attend Ruth Paine, son amie au grand cœur qui a proposé d'aider Marina, sa fille June et son enfant à naître en leur offrant un endroit où séjourner pendant que Lee cherche un emploi.

Ruth Paine arrive, elle accueille Marina avec un sourire chaleureux, offrant un sentiment de réconfort en ces temps tumultueux. Les deux femmes chargent les affaires de Marina et de June dans la voiture, leurs mouvements sont vifs et efficaces. Le voyage à venir est long, mais la présence de Ruth est un rappel réconfortant que Marina n'est pas seule dans ses luttes.

Alors qu'ils traversent les routes sinueuses, le paysage passe du chaos vibrant de la Nouvelle-Orléans aux plaines plus calmes et étendues du Texas. Le voyage est marqué par des conversations tranquilles, ponctuées par le ronronnement du moteur et la chanson occasionnelle à la radio. Ruth, toujours l'amie soutenante, écoute alors que Marina parle de ses peurs et espoirs, offrant des mots d'encouragement et de compréhension.

Les heures passent et le soleil commence sa descente, projetant de longues ombres sur l'autoroute. Alors qu'ils approchent d'Irving, la familiarité des environs apporte un sentiment de soulagement à Marina. La maison de Ruth, un phare de sécurité et de stabilité, les attend. Ruth aide Marina à porter ses sacs à l'intérieur, la chaleur de la maison les enveloppant alors qu'ils franchissent la porte.

Pendant ce temps, de retour à Dallas, l'air nocturne est chargé d'anticipation. Lee Harvey Oswald, le mari de Marina, se prépare pour son propre voyage. La chambre de la pension où il a vécu entre-temps devient de plus en plus oppressante, chaque coin rempli de rappels de ses frustrations et ambitions. Alors que la nuit s'approfondit, il finalise ses plans, poussé par un but singulier et énigmatique.

Tard dans la nuit, Oswald monte à bord d'un bus en direction de Nuevo Laredo, au Mexique. Le voyage est enveloppé d'attente, son esprit est en ébullition avec des pensées d'un nouveau départ pour lui et sa famille. Il est déterminé à trouver un moyen de retourner en Russie, la patrie de sa femme, poussé par un mélange de désespoir et de conviction.

Le bus gronde dans les rues sombres, les passagers silencieux et introspectifs. Oswald regarde par la fenêtre, les lumières de la Nouvelle-Orléans s'estompant au loin. Chaque mile le rapproche de Mexico, une étape cruciale dans sa quête pour atteindre la Russie. La nuit est longue et le voyage ardu, mais sa détermination reste inébranlable.

À Irving, au Texas, le soleil du matin filtre à travers les fenêtres de la maison de Ruth Paine. Marina, maintenant installée, commence à s'adapter à son nouvel environnement. La chaleur de l'hospitalité de Ruth offre un contraste frappant avec l'incertitude qu'elle a laissée derrière elle. Alors qu'elle sirote son café du matin, elle réfléchit au voyage et aux jours à venir, trouvant du réconfort dans les petits moments de paix que la vie offre.

La Maison Blanche Accepte l'Invitation à Dîner de la part de Jack Vallenti.

Date : Mardi, 24 septembre 1963.

Heure : Inconnue.
Ville : Washington, D.C.
État : District de Columbia.

C'est en ce jour que la Maison Blanche accepte formellement l'invitation au dîner Albert Thomas à Houston, une acceptation apparemment routinière qui se transformera bientôt en un voyage politique crucial.

Le président John F. Kennedy, avec son mélange caractéristique de charme et de détermination, envisage une visite au Texas. L'État de l'étoile solitaire, avec ses paysages étendus et sa dynamique politique complexe, revêt une importance significative pour les prochaines élections. Kennedy, toujours le stratège, voit cela comme une opportunité non seulement d'honorer le député Albert Thomas, mais aussi de renforcer son soutien politique à travers l'État.

Alors que la décision se cristallise, le plan initial pour un engagement d'une seule soirée se transforme en une visite complète de deux jours. L'équipe du Président, comprenant les enjeux, planifie méticuleusement un itinéraire qui emmènera Kennedy à travers les grandes villes du Texas, chaque arrêt étant un mouvement calculé pour renforcer les alliances et influencer les électeurs indécis. Houston, Fort Worth, Dallas et Austin - chaque ville a son charme unique et son importance politique.

L'atmosphère dans le Bureau Ovale est celle d'un optimisme déterminé. Les conseillers et les membres du personnel se rassemblent, discutant de logistique et de sécurité, tandis que le Président, le front plissé par la réflexion, passe en revue l'itinéraire. Il y a un sens palpable de l'objectif dans la pièce, une compréhension que ce voyage, bien que bref, pourrait avoir des impacts durables sur la fortune politique de Kennedy.

L'acceptation de l'invitation marque un changement dans l'agenda du Président. À l'origine, une visite au Texas était à l'ordre du jour, mais pas spécifiquement prévue pour novembre. Cependant, le timing semble maintenant propice. Les mois précédant la visite seront utilisés pour préparer le terrain, garantissant que la présence de Kennedy au Texas sera à la fois marquante et mémorable.

À l'extérieur de la Maison Blanche, la nouvelle du voyage élargi commence à se répandre. Les commentateurs politiques et les journalistes prennent vent du développement, leurs articles et émissions remplis de spéculations et d'anticipation. Le public, lui aussi, réagit avec un mélange d'excitation et de curiosité. La perspective de voir le Président, d'entendre ses discours, et peut-être même de lui serrer la main, captive l'imagination de nombreux Texans.

Annonce de la Tournée du Président au Texas.

Date : Mercredi, 25 septembre 1963.

Heure : Inconnue.
Ville : Washington, D.C.
État : District de Columbia.

Dans une révélation exclusive au Dallas Morning News, des sources de la Maison Blanche confirment que le président John F. Kennedy entreprendra une tournée très attendue du Texas du 21 au 22 novembre 1963. La tournée, minutieusement planifiée, est prévue pour inclure une étape cruciale à Dallas, une ville riche en dynamisme politique et pleine de potentiel pour des engagements percutants.

Alors que le soleil du matin jette une teinte dorée sur la capitale, les journalistes se précipitent pour capturer l'essence de cette nouvelle. Les téléphones sonnent sans cesse, les machines à écrire cliquettent avec une vigueur renouvelée, et les salles de rédaction bourdonnent d'excitation pour un scoop exclusif. L'annonce marque un mouvement stratégique de l'administration Kennedy, visant à galvaniser le soutien dans un État où les alliances politiques sont à la fois cruciales et précaires.

À Washington, D.C., les conseillers du Président se rassemblent dans leurs bureaux respectifs, analysant les conséquences potentielles de la tournée. Des cartes du Texas sont déroulées, les villes marquées par des épingles et les itinéraires soulignés par des traits audacieux. L'itinéraire du Président est un sujet de discussion intense, chaque arrêt soigneusement choisi pour maximiser l'influence politique et l'engagement du public. Dallas, avec son paysage urbain étendu et sa population diversifiée, se distingue comme un point fort de la tournée.

L'annonce déclenche également une vague d'activité au Texas. Les dirigeants politiques et les organisateurs communautaires de Dallas se préparent pour la visite imminente avec un sentiment d'urgence et d'anticipation. Des réunions sont convoquées, des plans sont élaborés et la logistique est coordonnée. La ville se prépare pour l'arrivée du Président, comprenant l'importance profonde que cette visite représente non seulement pour Dallas, mais aussi pour le paysage politique plus large du Texas.

La décision de Kennedy de visiter le Texas, en particulier Dallas, est perçue comme une démarche audacieuse et nécessaire. L'État, avec son mélange unique de conservatisme politique et de mouvements progressistes en plein essor, présente à la fois des défis et des opportunités pour l'administration. Les conseillers du président, conscients de l'équilibre délicat requis, planifient ses discours et ses engagements publics avec un soin méticuleux. Les thèmes de l'unité, du progrès et d'une vision commune pour l'avenir seront au cœur de ses discours, visant à combler les clivages politiques et à favoriser un sentiment de but collectif.

Lee Harvey Oswald arrive à Nuevo Laredo.

Date : 26 septembre 1963.

Heure : Entre 13h30 et 14h00.
Ville : Nuevo Laredo.
État : Tamaulipas, Mexique.

Pendant ce temps, en cette chaude après-midi du jeudi 26 septembre 1963, le soleil frappait impitoyablement la ville frontalière de Nuevo Laredo, Tamaulipas. L'air était épais de chaleur, scintillant au-dessus du pavé et jetant une brume sur l'activité animée du poste frontière. C'était entre 13h30 et 14h00 lorsque Lee Harvey Oswald est arrivé, un homme en mission, chacun de ses pas marqué par un objectif et un fort sentiment de détermination.

Nuevo Laredo, avec son mélange de cultures et son flux constant de personnes, se tenait comme une porte entre deux mondes. La ville était animée par les sons des vendeurs annonçant leurs marchandises, le bourdonnement de la circulation et le murmure des conversations en espagnol et en anglais. Le Rio Grande, une frontière naturelle, coulait tranquillement, ses eaux reflétant l'intense bleu du ciel au-dessus.

Oswald, portant une petite valise et vêtu de vêtements quelconques, se fondait dans la mer de voyageurs. Son comportement était calme, presque détaché, alors qu'il se frayait un chemin à travers les rues bondées. Le soleil pesait sur lui, des perles de sueur se formant sur son front, mais il semblait insensible à la chaleur oppressante. Son attention était inébranlable, sa destination claire.

Le poste frontière était un centre d'activité, avec des files de personnes attendant de faire vérifier leurs documents. Les officiels, habitués au flux constant d'individus se déplaçant entre les États-Unis et le Mexique, traitaient chaque voyageur avec une efficacité rodée. Oswald a rejoint la file, son visage un masque de calme alors qu'il attendait son tour. Le poids du voyage qu'il entreprenait était évident dans ses yeux, un voyage qui faisait partie d'un plan plus large, enveloppé de secret.

Alors qu'il approchait du point de contrôle, Oswald a présenté ses documents à l'officier de la frontière. Le processus était routinier, une série de questions et un examen superficiel de ses papiers. L'officier, ne notant rien d'inhabituel, lui a permis de passer. Oswald a franchi le point de contrôle, une petite mais significative barrière franchie dans sa quête.

La décision de voyager au Mexique était une décision calculée. Oswald naviguait dans un réseau complexe de motivations personnelles et politiques. Son voyage au Mexique faisait partie d'un plan plus large, qu'il gardait étroitement gardé. Les raisons de son voyage n'étaient connues que de lui, enveloppées dans un manteau de mystère qui alimenterait plus tard les spéculations et l'intrigue.

Alors qu'il marchait dans les rues de Nuevo Laredo, Oswald se fondait dans le décor, juste un autre voyageur dans une ville frontalière animée. La chaleur, le bruit et le mouvement constant des gens créaient un arrière-plan qui semblait presque indifférent à sa présence. Pourtant, pour Oswald, chaque pas était significatif, chaque moment faisait partie d'un plan soigneusement orchestré.

Le soleil de l'après-midi projetait de longues ombres alors qu'Oswald se dirigeait vers une gare routière. Il a acheté un billet pour Mexico, sa destination finale. La gare était bondée, remplie des sons des annonces et du bavardage des passagers. Oswald a trouvé une place dans la salle d'attente, son esprit était en ébullition avec des pensées sur les jours à venir. Le voyage à venir était rempli d'incertitudes, mais sa détermination restait ferme.

Alors que le bus quittait la gare, Oswald regardait par la fenêtre le paysage qui s'éloignait de Nuevo Laredo. La ville, avec son énergie vibrante et son mouvement constant, était une étape temporaire dans son voyage. La route s'étendait devant lui, menant à Mexico et à la prochaine phase de son plan.

Le trajet était long, le bus serpentant à travers la campagne mexicaine. Ses pensées étaient un mélange complexe d'anticipation et de détermination, l'aboutissement de plusieurs mois de planification et de préparation. Le bus grondait, le paysage passant des terres arides de la frontière à des paysages plus luxuriants et variés plus au sud.

Arrivant à Mexico le 27, Oswald débarqua, se fondant une fois de plus dans la foule de gens. La ville, vaste et tentaculaire, présentait un nouvel ensemble de défis et d'opportunités. L'air était différent ici, plus frais avec l'altitude, mais toujours rempli du bourdonnement d'une métropole animée. Le voyage d'Oswald était loin d'être terminé, chaque pas faisant partie de la plus grande tapisserie de sa vie.

Les tentatives désespérées d'Oswald pour assurer un avenir à sa famille.

Date : Vendredi, 27 septembre 1963.

Heure : Fin de Matinée
Ville : Mexico City
État : Mexique

Lee Oswald est arrivé à Mexico et s'est enregistré à l'Hôtel del Comercio, le réceptionniste le remarquant à peine parmi les nombreux visages qui vont et viennent. Sa chambre était modeste, reflet de son existence frugale, mais elle offrait un bref répit avant ses tâches urgentes. Il s'est allongé sur le lit, rassemblant ses pensées, répétant ses répliques, se préparant pour ce qu'il espérait être un tournant dans son voyage tumultueux.

Le jour suivant, Oswald se rendit à l'ambassade cubaine. Le bâtiment, austère et imposant, se dressait comme une porte vers ses aspirations. À l'intérieur, il présenta son cas, cherchant la permission de voyager à travers Cuba pour se rendre en Russie et demanda un "visa de transit". Malgré ses supplications ferventes, les fonctionnaires du consulat restèrent de marbre, leurs réponses bureaucratiques et dédaigneuses, un tel visa ne pouvait être délivré que s'il obtenait d'abord un visa russe.

Sans se décourager, Oswald décida de se rendre au consulat soviétique pour demander un visa russe, expliquant pourquoi il le voulait. Les officiels soviétiques écoutèrent alors qu'il exposait sa demande pour obtenir la permission de voyager à Cuba, leurs expressions impénétrables. Pendant sa demande, il a montré aux officiels russes tous les dossiers et documents qu'il avait du consulat soviétique à Washington indiquant qu'il attendait depuis longtemps un visa pour lui et sa famille pour retourner en Russie. Il a également dit aux officiels russes que pour voyager en Russie, lui et sa famille devaient transiter par Cuba, mais les Cubains ne lui donneraient pas de visa à moins qu'il n'ait déjà obtenu un visa russe. Pourtant, comme avec l'ambassade cubaine, ses efforts ont été vains - il a dû attendre quatre à cinq mois pour avoir un visa.

Au milieu de l'après-midi, Oswald est retourné à l'ambassade cubaine. Là, il a rencontré Mme Silvia Duran, à qui il a raconté son manque de succès au consulat soviétique. Mme Duran, émue par la demande d'Oswald, a décidé d'appeler le consulat soviétique. Ils ont confirmé la demande d'Oswald mais ont répété qu'il y avait une longue période d'attente avant qu'Oswald et sa famille puissent obtenir un visa russe. Ne prenant pas un "non" pour une réponse, Oswald a persisté dans sa tentative d'obtenir un visa cubain malgré l'absence de visa soviétique. Après avoir parlé directement avec le consul cubain à ce sujet, l'insistance d'Oswald a entraîné une dispute croissante entre les deux hommes. Oswald a quitté le consulat cubain en colère et désespéré, les rêves de défection s'éloignant de plus en plus de sa portée.

Cependant, il n'a pas quitté l'ambassade cubaine les mains vides. Avant de quitter les locaux cubains, Mme Duran a donné à Oswald un bout de papier avec son nom et son numéro de téléphone et lui a dit de l'appeler quand il obtiendrait son visa russe. Oswald a soigneusement placé cette note dans son dictionnaire espagnol-anglais comme une petite bouée de sauvetage à laquelle se raccrocher.

Dans les jours à venir, Oswald est de nouveau allé au consulat russe au Mexique sur invitation. En effet, lors de sa précédente visite quelques jours plus tôt, on lui avait dit que l'ambassade allait envoyer un télégramme à Washington à propos de son cas. Il a demandé s'il y avait eu une réponse au télégramme. Malheureusement, la réponse n'était pas celle qu'il espérait, le télégramme avait été envoyé mais aucune réponse n'avait été reçue.

Chaque rejet alimentait sa frustration, les couloirs des ambassades devenant synonymes d'ambitions inaccessibles. Oswald, avec sa détermination en baisse, est retourné à l'Hotel del Comercio, le poids de ses plans non réalisés pesant lourdement sur lui. Il regardait par la fenêtre la ville tentaculaire en contrebas, une mer d'opportunités dont il se sentait de plus en plus à la dérive.

Le Billet de Retour d'Oswald.

Date : Lundi, 30 septembre 1963.

Heure : Fin d'après-midi.
Ville : Mexico City.
État : Mexique

Au guichet d'une modeste gare routière, Oswald s'approcha avec un comportement calme. Sa voix, stable et délibérée, demanda un billet pour le bus en direction de Laredo, Texas. Il utilisa un pseudonyme, "M. H. O. Lee", un nom choisi avec une réflexion minutieuse, l'une des nombreuses facettes de sa vie cachée. Le guichetier, inconscient de l'importance de cette transaction, lui remit le billet sans un second regard.

Oswald a mis le billet dans sa poche, un petit mais crucial bout de papier qui symbolisait son prochain mouvement. Il quitterait Mexico City le matin du 2 octobre, le bus partant à 8h30.

Alors qu'il retournait à son logement temporaire, la chambre 18 de l'Hôtel del Comercio, la ville autour de lui bourdonnait de vie. Les voitures klaxonnaient sans cesse, les piétons naviguaient sur les trottoirs avec une aisance pratiquée, et les marchés débordaient des couleurs vibrantes du commerce quotidien. Pourtant, Oswald était détaché de cette scène animée, son esprit fixé sur le chemin à venir.

La chambre d'hôtel, épurée et fonctionnelle, offrait peu de confort. Ce n'était qu'un endroit pour attendre, pour passer le temps jusqu'à l'heure convenue. Oswald était assis sur le bord du lit, le billet étalé devant lui comme une carte vers son destin. Il repensait aux derniers jours - ses tentatives infructueuses d'obtenir des visas du consulat cubain et de l'ambassade soviétique, les rejets qui avaient blessé son orgueil et renforcé sa détermination.

Alors que l'aube approchait le 2 octobre, la première lumière du jour filtrait à travers les rideaux fins de sa chambre. Oswald rassembla ses quelques affaires, le billet fermement en main. Il se dirigea une fois de plus vers la gare routière, l'air frais du matin contre sa peau. La ville commençait à s'éveiller, la promesse d'un nouveau jour à l'horizon.

Oswald voyage du Mexique au Texas.

Date : 2 octobre 1963.

Heure : 8h30 du matin.
Ville : Mexico City.
État : Distrito Federal, Mexique.

Le matin du mercredi 2 octobre 1963, l'immense étendue de Mexico était déjà animée par les bruits d'une ville en mouvement. L'air du petit matin était frais et vif, portant la promesse d'une autre journée trépidante. À précisément 8h30, Lee Harvey Oswald a pris le bus n°332, une étape cruciale dans son voyage de Mexico à Nuevo Laredo, et finalement à travers le pont international vers le Texas.

Mexico, une métropole tentaculaire qui ne semblait jamais dormir, était un mélange de gratte-ciel modernes et d'architecture coloniale historique. Les rues étaient remplies de personnes commençant leur journée, des vendeurs de rue installant leurs étals aux employés de bureau se précipitant vers leurs emplois. Oswald, avec son apparence banale et son comportement concentré, n'était qu'un autre voyageur au milieu de la foule.

Le terminal de bus était un véritable bourdonnement d'activité, résonnant avec le bruit des moteurs qui ronronnaient, des annonces qui retentissaient et le bourdonnement constant des conversations. Oswald, portant un petit sac, a présenté son billet au conducteur et a trouvé une place près de la fenêtre. Alors que le bus s'éloignait, le paysage urbain de Mexico commençait à s'estomper, remplacé par l'immense campagne mexicaine.

Le voyage vers Nuevo Laredo était long, le bus serpentant à travers une tapisserie de paysages. Chaque arrêt apportait une brève rafale d'activité alors que les passagers débarquaient et que d'autres montaient à bord. Le rythme du bus, le bourdonnement constant du moteur et le paysage en constante évolution créaient un sentiment de mouvement, un voyage à la fois littéral et symbolique.

Les heures passaient lentement, marquées par la progression régulière du bus et la lumière changeante du soleil alors qu'il décrivait un arc dans le ciel. Les passagers autour d'Oswald bavardaient tranquillement, lisaient des journaux ou somnolaient sur leurs sièges. La monotonie du voyage était ponctuée par l'arrêt occasionnel, chacun apportant une brève explosion d'activité avant que le bus ne reprenne sa route.

Alors que le bus approchait de Nuevo Laredo, le paysage commençait à changer une fois de plus. La ville frontalière animée, avec son mélange d'influences mexicaines et américaines, était une passerelle entre deux mondes. Le soleil commençait à se coucher, projetant de longues ombres sur les rues et peignant le ciel de teintes orange et rose.

Oswald débarqua, se fondant dans le flot de personnes qui se déplaçaient à travers la ville. Nuevo Laredo était un lieu de mouvement constant, un point de transition pour d'innombrables voyageurs. Avec une efficacité rodée, Oswald se dirigea vers le pont international. Le pont, un lien vital entre le Mexique et les États-Unis, était animé par le trafic. Des voitures et des camions grondaient au-dessus, tandis que les piétons avançaient régulièrement vers la frontière. Le Rio Grande coulait tranquillement en dessous, une frontière naturelle marquant la division entre les deux pays.

Oswald traverse le pont international pour aller au Texas.

Date : 3 octobre 1963.

Heure : 1h35 du matin.
Ville : Nuevo Laredo.
État : Tamaulipas, Mexique.

Aux premières heures du jeudi 3 octobre 1963, la ville frontalière de Nuevo Laredo était enveloppée dans l'obscurité, le silence de la nuit n'était brisé que par le murmure occasionnel de la circulation lointaine et le bruissement de la vie nocturne. À précisément 1h35 du matin, Lee Harvey Oswald a traversé le pont international, quittant le Mexique pour entrer au Texas.

Le pont lui-même était une structure d'acier et de béton, enjambant le Rio Grande avec une sorte de grâce utilitaire. Alors qu'Oswald traversait, le son de ses pas résonnait dans le silence. La rivière en dessous, ses eaux sombres et réfléchissantes, coulait régulièrement, une frontière naturelle qui avait été témoin d'innombrables traversées au fil des ans.

Le ciel nocturne au-dessus était une toile d'étoiles, chacune étant une balise lointaine dans l'immensité. L'air était frais contre la peau d'Oswald, un contraste frappant avec la chaleur du jour précédent. Le voyage à travers le pont était à la fois un passage littéral et symbolique, une étape d'une phase de son voyage à la suivante.

Du côté du Texas, la ville de Laredo était calme, ses rues vides et ses bâtiments sombres. Le contraste entre l'activité trépidante de la journée et le calme de la nuit était frappant. Oswald, maintenant aux États-Unis, ressentait le poids de son voyage peser sur ses épaules.

La ville de Laredo, avec son mélange d'influences américaines et mexicaines, était une porte d'entrée vers le paysage plus vaste du Texas. Les rues calmes et les bâtiments modestes se tenaient comme des témoins silencieux du passage d'innombrables voyageurs, chacun avec leurs propres histoires et destins. Pour Oswald, cette traversée était un moment crucial, une jonction dans un voyage complexe et énigmatique.

Alors qu'il se frayait un chemin à travers la ville, la lumière de l'aube commençait à se glisser à l'horizon, projetant une lueur pâle qui annonçait le jour à venir. L'air était encore frais, le silence n'était interrompu que par les bruits lointains d'une ville qui s'éveillait lentement. Les pas d'Oswald étaient réguliers, sa détermination ferme alors qu'il avançait.

Alors que la nuit cédait la place à l'aube, la ville de Laredo commençait à s'agiter. Les bruits du matin - un moteur de voiture au loin, le chant d'un oiseau, le bruissement des feuilles - signalait le début d'un nouveau jour. Pour Oswald, ce jour était la continuation d'un long voyage ardu. La route à venir était semée de défis et de possibilités, chaque pas faisant partie d'un récit plus large qui allait bientôt croiser l'histoire.

Arrivée à Dallas.

Date : 3 octobre 1963.

Heure : Fin d'après-midi.
Ville : Dallas.
État : Texas

Le soleil était bas dans le ciel du Texas lorsque le bus est arrivé à Dallas, projetant une teinte dorée sur l'immense paysage urbain. C'était le 3 octobre 1963, et Lee Harvey Oswald, fatigué du long voyage, descendit du bus avec un sentiment de détermination mêlé de fatigue. L'air était chaud, un rappel persistant de l'emprise de l'été du sud, cédant lentement place à l'étreinte de l'automne.

Oswald se déplaçait avec des pas délibérés à travers la gare bondée, sa silhouette élancée se fondant presque dans la foule de voyageurs. En sortant de la gare, il ressentit une sensation familière - un mélange d'aliénation et de détermination.

Le YMCA au centre-ville de Dallas était sa destination afin de louer une chambre, un refuge modeste pour une nuit. Un bâtiment ou de d'innombrables âmes en transit avaient trouvé un réconfort temporaire entre ses murs. Oswald entra, l'air frais du hall contrastant fortement avec la chaleur déclinante à l'extérieur. Le réceptionniste, habitué au flux constant de clients, a à peine levé les yeux lorsque Oswald s'est inscrit, le nom "Lee H. Oswald" griffonné dans le registre.

La pièce était petite et meublée avec le strict nécessaire : un lit, une table de nuit et une lampe dont la lumière diffusait une douce lueur jaune. Oswald posa ses quelques affaires, l'immobilité de la pièce l'enveloppant. C'était bien loin de l'effervescence de la vie à la Nouvelle-Orléans ou de l'atmosphère énigmatique de Mexico, mais cela remplissait son objectif - un endroit pour se reposer et rassembler ses pensées.

Alors que la soirée tombait, la ville à l'extérieur bourdonnait de vie. Dallas, avec son mélange d'ambition moderne et de charme texan traditionnel, était une ville en plein essor. Les rues résonnaient du bruit des voitures, du murmure des conversations et du bourdonnement lointain d'une ville qui ne dormait jamais vraiment. Mais à l'intérieur des murs du YMCA, Oswald trouva un havre de tranquillité.

Allongé sur le lit, il fixait le plafond, les événements des dernières semaines se rejouant dans son esprit. Ses tentatives infructueuses pour obtenir un visa au Mexique, le pseudonyme qu'il avait utilisé pour acheter le billet de bus, le chemin incertain qui s'étendait devant lui - chaque pensée était un fil dans la toile complexe de son existence. L'anonymat du YMCA, la nature éphémère de son séjour, reflétait la nature transitoire de sa vie.

Le sommeil venait par intermittence, ponctué de rêves qui se mêlaient à la réalité. Des images de Marina et de leur enfant, les couloirs froids des ambassades soviétiques, le consulat vibrant mais insaisissable de Cuba - tout s'entrelaçait dans une tapisserie d'agitation. Il se réveilla plusieurs fois, l'étrangeté de la pièce et le poids de ses projets pesant sur lui.

Le matin est arrivé avec la première lumière filtrant à travers les rideaux fins. Oswald s'est levé, son corps encore fatigué mais son esprit résolu. La journée à venir était une autre étape de son voyage, un autre chapitre d'une histoire qui semblait s'écrire elle-même avec des rebondissements. Il s'habilla, rassembla ses affaires et quitta la pièce, le lit effaçant déjà l'empreinte de sa présence.

Le gouverneur Connally rencontre le président Kennedy à la Maison Blanche.

Date : Vendredi, 4 octobre 1963.

Heure : Inconnue.
Ville : Washington, D.C.
État : District de Columbia.

L'air à Washington, D.C., était chargé de l'odeur vive et revigorante du début de l'automne. Les feuilles, embrassées par le changement de saison, commençaient à revêtir leurs riches teintes ambre, créant un décor pittoresque pour les événements cruciaux de la journée. Alors que le soleil grimpait dans le ciel bleu pâle, ses rayons dorés se déversaient sur l'étendue majestueuse de la Maison Blanche, projetant de longues ombres gracieuses sur ses pelouses immaculées.

À l'intérieur du bâtiment emblématique, un sentiment d'anticipation remplissait les couloirs. Le gouverneur John Connally, avec sa stature grande et imposante et son charme texan caractéristique, marchait d'un pas déterminé vers le Bureau Ovale. Le clic rythmé de ses chaussures polies sur les sols de marbre résonnait doucement, se mêlant au bourdonnement lointain des bureaux occupés. L'expression de Connally était celle d'une concentration déterminée, son esprit un tourbillon de pensées et de plans pour la réunion à venir.

Dans le Bureau Ovale se trouvait le président John F. Kennedy, dont la vigueur juvénile et la présence charismatique avaient captivé la nation. Kennedy, impeccablement vêtu d'un costume sombre sur mesure, dégageait une aura calme mais autoritaire alors qu'il se tenait près de la grande fenêtre, contemplant le jardin de roses méticuleusement entretenu. Ses pensées étaient probablement vastes, allant des défis politiques immédiats aux aspirations plus larges qu'il avait pour sa présidence.

Alors que Connally entrait dans la pièce, les deux hommes échangèrent des poignées de main chaleureuses et fermes, leurs yeux se verrouillant dans un respect et une compréhension mutuelle. Le Bureau Ovale, baigné dans la douce lumière du matin, semblait vibrer de l'importance historique du moment. Des étagères remplies de volumes d'histoire et de politique, des portraits de leaders vénérés, et le mythique Bureau Ovale ajoutaient une gravité solennelle à la scène.

Leur conversation, bien qu'imprégnée des formalités des affaires d'État, comportait un sous-entendu de camaraderie. Connally, représentant les intérêts et les préoccupations du Texas, a discuté des subtilités de la stratégie politique et de la logistique des événements à venir. Kennedy écoutait attentivement, ses hochements de tête réfléchis et ses interjections occasionnelles reflétant son engagement dans les questions en cours.

La réunion a abordé la visite anticipée au Texas, une partie significative de la stratégie de campagne plus large de Kennedy. Le voyage prévu du président n'était pas simplement un geste politique, mais un effort crucial pour consolider le soutien dans un État qui avait montré une allégeance vacillante. Les perspectives de Connally étaient inestimables, sa profonde compréhension de la politique texane et de ses acteurs clés fournissant à Kennedy la clarté nécessaire pour naviguer dans le paysage complexe.

Au fur et à mesure que leur discussion se déroulait, la conversation a probablement dévié vers des problèmes nationaux plus larges - le mouvement des droits civiques en plein essor, les politiques économiques, et le spectre omniprésent des tensions de la Guerre Froide. Chaque sujet, chargé de son propre ensemble de défis et d'implications, nécessitait l'attention perspicace et la collaboration des deux leaders.

Le rapport entre Kennedy et Connally était évident dans leur échange dynamique, un mélange de délibération stratégique et de vision partagée pour l'avenir. La réunion, bien que brève dans la grande échelle de l'histoire, était un moment pivot de collaboration et de planification,

préparant le terrain pour les événements qui suivraient dans les semaines
à venir.

Alors que l'heure touchait à sa fin, les deux hommes se levèrent,
leur conversation se concluant par des pensées finales et des assurances
mutuelles. La poignée de main qui suivit était plus qu'une formalité ;
c'était un geste d'unité et de but commun. Connally quitta le Bureau
Ovale, son esprit se tournant désormais vers les aspects pratiques de la
mise en œuvre de leurs plans discutés.

Le bureau de la CIA à Mexico City identifie la présence de Lee Harvey Oswald.

Date : 8 octobre 1963.

Heure : Inconnue.
Ville : Mexico City.
État : Distrito Federal, Mexique.

La bureau de la CIA à Mexico, nichée dans le quartier diplomatique de la ville, était un centre d'activité de renseignement. Ce jour-là, les opérateurs de la station examinaient les communications interceptées, passant au peigne fin l'afflux quotidien d'informations avec un œil méticuleux. La semaine précédente avait été routinière, mais aujourd'hui, une donnée particulière se démarquait - un appel passé à l'ambassade soviétique qui laissait entendre la présence d'un individu notable.

La voix de Lee Harvey Oswald, enregistrée lors d'un appel téléphonique à l'ambassade soviétique, était le point central de cet examen. L'appel avait été intercepté et se trouvait maintenant entre les mains d'opératifs expérimentés, leurs oreilles étant habituées aux nuances subtiles de la voix et de l'accent. La découverte de la présence d'Oswald au Mexique n'était pas simplement un renseignement de routine ; elle portait en elle le poids de potentielles ramifications géopolitiques.

Alors que les agents travaillaient, l'atmosphère à l'intérieur de la station était chargée d'une intensité silencieuse. Chaque information, chaque détail, était examiné avec la précision d'un chirurgien. La voix sur la bande, identifiée comme celle d'Oswald, était incontestable - un jeune homme, possiblement américain, avec une manière de parler délibérée. L'appel avait été bref mais révélateur, un fil qui, une fois tiré, pourrait dénouer une plus grande tapisserie d'intrigue.

Une enquête plus approfondie a révélé qu'Oswald avait été le seul individu non latin à entrer dans le complexe soviétique aux alentours du 2 octobre. Le complexe, un bastion de la présence soviétique au cœur de Mexico, était étroitement surveillé par la station de Mexico. Les opérateurs ont rassemblé les détails : Oswald y avait été.

Le complexe soviétique, une forteresse d'activités diplomatiques et de renseignement, se tenait comme un témoin silencieux de la visite d'Oswald. Ses hauts murs et ses entrées gardées étaient un témoignage du secret et de la tension qui définissaient l'époque de la Guerre Froide. À l'intérieur, les couloirs résonnaient des pas des diplomates et des agents, chaque pas faisant partie de la plus grande danse de l'intrigue internationale.

La présence d'Oswald à l'ambassade soviétique était un détail significatif dans le récit plus large de sa vie. Ayant récemment retourné de l'Union Soviétique, ses actions étaient d'un vif intérêt pour les services de renseignement américains et soviétiques. L'appel qu'il a passé, la visite qu'il a rendue - chaque élément était une pièce d'un puzzle qui serait plus tard examiné par les historiens et les enquêteurs.

Au fur et à mesure que la journée avançait, les agents de la station de Mexico City compilaient leurs découvertes, la gravité de leur découverte évidente dans leurs expressions concentrées. L'identification d'Oswald était plus qu'une simple entrée de routine dans un registre ; c'était un indice potentiel dans le paysage en constante évolution de l'espionnage de la guerre froide. Les données, soigneusement cataloguées et analysées, ont été envoyées aux autorités supérieures, chaque étape étant prise avec le plus grand soin.

La Division WH diffuse des informations sur Oswald.

Date : 10 octobre 1963.

Heure : Inconnue.
Ville : Washington, D.C.
État : District de Columbia.

Le matin du 10 octobre 1963, la ville animée de Washington, D.C. était plongée dans le rythme de sa routine quotidienne. Cependant, dans les couloirs de la Division WH, une effervescence d'activité marquait la diffusion de rapports de renseignement critiques. Les opérateurs de la Division, aguerris dans les arts clandestins de l'espionnage et du contre-espionnage, préparaient méticuleusement des documents qui seraient envoyés au Département d'État, au FBI et à la Marine.

La tâche à accomplir était de s'assurer que tous les détails pertinents concernant Lee Harvey Oswald étaient précisément transmis à ces branches cruciales du gouvernement. Oswald, une figure déjà enveloppée de controverse et de suspicion, avait récemment pris contact avec l'ambassade soviétique à Mexico - un geste qui n'était pas passé inaperçu aux yeux vigilants de la Division WH.

Alors que le soleil montait plus haut dans le ciel clair d'octobre, les employés et les officiers de la Division travaillaient avec un sentiment d'urgence tranquille. Ils étaient parfaitement conscients que chaque morceau d'information, peu importe sa taille, pourrait être crucial. Parmi les documents en cours de préparation, quelques erreurs mineures mais notables avaient été détectées. Le deuxième prénom d'Oswald, par exemple, avait été incorrectement listé comme "Henry" au lieu de "Harvey". De plus, le nom de jeune fille de sa femme avait été mal orthographié comme "PUSAKOVA" plutôt que le correct "PRUSAKOVA".

Ces inexactitudes, bien qu'apparemment mineures, avaient une importance significative dans le monde méticuleux du renseignement.

De plus, il y avait une description erronée d'un individu observé à l'ambassade soviétique, associé par erreur à Oswald. Ces détails, aussi minimes soient-ils, devaient être abordés et corrigés pour maintenir l'intégrité des renseignements partagés.

À midi, les rapports étaient prêts. Des enveloppes soigneusement scellées, contenant chacune les informations minutieusement examinées, ont été envoyées à leurs destinations respectives. Entre les mains des agents du FBI, des officiers de la marine et des fonctionnaires du département d'État, ces documents seraient bientôt analysés et intégrés dans des efforts de renseignement plus larges.

Oswald postule pour un emploi chez Padgett Printing.

Date : Samedi, 12 octobre 1963.

Au milieu des feuilles d'automne tourbillonnantes et de la fraîcheur subtile d'un matin d'octobre, Lee Harvey Oswald se lance dans une nouvelle quête d'emploi. Les pas d'Oswald résonnaient sur le trottoir alors qu'il approchait des portes de Padgett Printing. L'établissement, connu pour son bourdonnement industrieux et le rythme régulier de ses presses, semblait être un phare d'espoir pour beaucoup à la recherche d'un emploi stable. Pour Oswald, c'était une autre opportunité d'ancrer son esprit inquiet, une chance de trouver une apparence de normalité au milieu de son existence chaotique.

Cependant, le récit a pris un tournant décourageant. À l'intérieur des murs de Padgett Printing, derrière la façade de l'opportunité, se trouvait l'obstacle qui allait contrecarrer les ambitions d'Oswald. Le président de Jaggars-Chiles-Stovall, Robert Stovall, avait déjà jeté une longue ombre sur ses perspectives. Avec une mauvaise recommandation, chargée du poids des déceptions passées et des insuffisances professionnelles, les mots de Stovall ont scellé le sort d'Oswald chez Padgett Printing.

Le rejet n'était pas simplement un autre échec pour Oswald ; c'était un moment poignant qui soulignait la lutte d'un homme à la dérive dans ses propres ambitions. Les rues de Dallas, qui avaient porté l'écho de ses pas jusqu'à l'imprimerie, semblaient maintenant l'emporter, de retour vers l'incertitude qui hantait ses jours.

Ruth Paine organise un entretien d'embauche pour Oswald.

Date : Mardi, 15 octobre 1963.

Heure : Inconnue
Ville : Dallas
État : Texas

Ruth Paine, qui hébergeait Marina, June, et le nouveau-né de Marina et Lee pendant que Lee cherchait un emploi, avait récemment entendu parler d'une opportunité d'emploi à la Texas School Book Depository. Comprendre les difficultés de Lee à trouver du travail, elle a décroché le téléphone avec un sentiment de résolution et a composé le numéro de la Texas School Book Depository. Sa voix stable, elle a parlé avec le surintendant du bâtiment, Roy Truly. La conversation a été brève mais significative. Elle a organisé un entretien d'embauche pour Oswald, espérant obtenir un poste qui pourrait apporter une certaine stabilité. Truly, connu pour sa nature juste mais discernante, a accepté de rencontrer Oswald plus tard dans la journée.

Au fil des heures, Oswald se préparait pour son entretien avec un mélange d'espoir et d'appréhension. Le Texas School Book Depository, un lieu grouillant d'activité de livres et de commandes, se présentait comme un sanctuaire potentiel face à ses récentes difficultés. Le bâtiment lui-même, avec sa façade en briques rouges et sa présence imposante, était une pierre angulaire du centre-ville de Dallas, incarnant l'esprit industrieux de la ville.

Lorsque Oswald est arrivé pour son entretien, il a été accueilli par Roy Truly, un homme dont le comportement était à la fois accueillant et méticuleux. L'entretien s'est déroulé avec Oswald se présentant comme un candidat pour le poste de commis temporaire, chargé de remplir les commandes de livres des clients. Malgré les doutes que Truly aurait pu avoir, l'entretien s'est conclu par une offre d'emploi à 1,25 $ de l'heure.

La décision a été un moment crucial pour Oswald. Il a accepté le travail, sachant qu'il fournirait non seulement un revenu, mais aussi une apparence de routine et de normalité. Le lendemain, il commencerait ses fonctions au Texas School Book Depository, s'intégrant dans les opérations quotidiennes qui maintenaient le flux de matériel éducatif à travers l'État.

Kenneth O'Donnell appelle Jerry Bruno pour discuter du voyage au Texas.

Date : Dimanche, 20 octobre, 1963.

Heure : Inconnue.
Ville : Washington.
État : District de Columbia.

Ce dimanche, la ville était calme, mais à l'intérieur des murs de la Maison Blanche, la machinerie de la politique continuait de tourner.

Kenneth O'Donnell, l'assistant spécial et secrétaire des rendez-vous du président John F. Kennedy, était assis dans son bureau, le poids de ses responsabilités pesant lourdement sur lui. L'appel téléphonique qu'il s'apprêtait à passer était d'une importance significative, un appel qui mettrait en mouvement les préparations finales pour le prochain voyage du président au Texas.

Alors qu'il décrochait le combiné, l'esprit d'O'Donnell était un tourbillon de logistique et de contingences. Il composa le numéro de Jerry Bruno, l'homme de terrain réputé pour sa gestion habile des voyages de Kennedy. Bruno, un organisateur chevronné, avait la tâche vitale de veiller à ce que chaque détail des voyages du Président soit exécuté à la perfection. La conversation qui s'ensuivit fut vive et concentrée, le genre d'échange qui venait naturellement aux hommes bien versés dans les subtilités de la manœuvre politique.

Les instructions d'O'Donnell étaient claires : Bruno devait se rendre immédiatement à la Maison Blanche pour discuter en détail du voyage au Texas. L'anticipation de la visite était grande, non seulement comme un effort de campagne routinier, mais aussi comme un moment crucial de la présidence de Kennedy. Le paysage politique au Texas était complexe, et le voyage nécessitait la précision d'une opération militaire.

Bruno, toujours efficace, a compris la gravité de la tâche à accomplir. Le voyage était prévu pour fin novembre, et il y avait beaucoup à faire. De la coordination avec les responsables locaux à la garantie que les mesures de sécurité étaient impénétrables, la liste des préparatifs était exhaustive.

Le contexte de cet appel téléphonique n'était pas simplement l'activité effervescente de la Maison Blanche, mais le contexte plus large d'une nation en proie à la Guerre Froide, aux prises avec les tensions des droits civiques, et au bord d'un changement social significatif.

Le rendez-vous à la Maison Blanche qu'O'Donnell a organisé avec Bruno poserait les bases du voyage qui deviendrait tragiquement historique.

Bruno rencontre O'Donnell pour discuter du voyage au Texas.

Date : Lundi, 21 octobre, 1963.

Heure : Inconnue.
Ville : Washington.
État : District de Columbia.

En ce jour, Jerry Bruno a eu une réunion cruciale avec Kenneth O'Donnell, assistant spécial et secrétaire des rendez-vous du président John F. Kennedy.

La réputation de Bruno le précédait ; il était l'homme de pointe pour les voyages de Kennedy, un rôle qui nécessitait une attention aux détails digne d'un aigle et un engagement inébranlable envers la sécurité et la logistique. En entrant dans les corridors majestueux de la Maison Blanche, Bruno portait en lui un sens du devoir et le poids de la tâche à venir.

Dans le bureau d'O'Donnell, la conversation a rapidement tourné autour du prochain voyage au Texas, un voyage chargé à la fois d'opportunités politiques et de dangers potentiels. O'Donnell, avec son intensité caractéristique, a exposé les plans et souligné le besoin de précision. Le voyage au Texas n'était pas simplement un arrêt de campagne ; c'était un moment critique pour les efforts de réélection de Kennedy et une chance de renforcer le soutien dans un État politiquement complexe et imprévisible.

Bruno écoutait attentivement alors qu'O'Donnell détaillait le programme, les itinéraires et les figures clés avec lesquelles ils allaient interagir. Mais il y avait une couche de complexité supplémentaire : O'Donnell a demandé à Bruno de contacter Walter Jenkins, l'un des principaux assistants administratifs du vice-président Lyndon Johnson. Jenkins, avec ses profondes connexions et son acuité politique, devait fournir des informations inestimables pour le voyage, garantissant que chaque angle était couvert et que chaque problème potentiel était anticipé.

L'importance de la participation de Jenkins n'a pas échappé à Bruno. Jenkins était un conseiller de confiance au sein du camp Johnson, et ses perspectives seraient cruciales pour naviguer dans le paysage politique du Texas. La coordination entre Bruno et Jenkins devait être sans faille, reflétant les enjeux élevés de la visite du Président.

Au fur et à mesure que la réunion progressait, l'air de la pièce devenait lourd du poids de leur responsabilité. Des cartes ont été déroulées, des horaires scrutés et des contingences planifiées. Chaque détail, des itinéraires du cortège aux engagements oratoires, a été disséqué et analysé. Le spectre de la sécurité planait largement, et Bruno, avec son expérience en logistique et en sécurité, était particulièrement conscient de la nécessité de vigilance.

La journée avançait, et la planification minutieuse se poursuivait. L'esprit de Bruno était en ébullition avec la myriade de détails qui devaient être pris en compte. La conversation avec Jenkins, il le savait, serait cruciale. La connaissance locale de Jenkins et ses conseils stratégiques aideraient à affiner les plans, rendant le voyage aussi fluide et sûr que possible.

La proposition d'itinéraire de Jenkins pour finaliser le voyage au Texas.

Date : Jeudi, 24 octobre 1963.

Heure : Inconnue.
Ville : Washington.
État : District de Columbia.

Jenkins a commencé à détailler l'itinéraire proposé que le gouverneur John Connally avait suggéré, chaque arrêt étant méticuleusement planifié pour maximiser l'impact et minimiser le risque.

Le premier arrêt, a expliqué Jenkins, serait à San Antonio le 21 novembre. Le plan était de voler et de conduire en cortège jusqu'à la base aérienne de Brooks, un lieu choisi pour son importance symbolique et sa commodité logistique. Le cortège, avec son itinéraire soigneusement tracé, permettrait à Kennedy de se connecter avec le public de manière contrôlée mais percutante.

De San Antonio, la suite volerait à Houston. Là-bas, ils voyageraient à nouveau en cortège, cette fois à l'hôtel Rice. La grandeur de l'hôtel Rice était appropriée pour le dîner Albert Thomas, un événement initialement prévu pour s'y tenir. Le Président passerait la nuit à l'hôtel, un bref répit avant le programme intense du lendemain.

Le lendemain matin, le 22 novembre, était rempli d'engagements. Le Président volerait à Fort Worth pour recevoir un diplôme honorifique à l'Université Chrétienne du Texas à 9h30. Cette occasion cérémonielle était conçue pour honorer les contributions de Kennedy et le connecter avec la communauté académique. Ensuite, un court cortège le conduirait à Dallas, où il assisterait à un déjeuner lors de la réunion annuelle du Conseil des Citoyens de Dallas à l'hôtel Statler Hilton.

Jenkins s'exprimait avec précision, son ton reflétant la planification méticuleuse derrière chaque détail. Enfin, il a décrit le dernier événement majeur : un dîner de collecte de fonds à Austin avant de retourner à

Washington. Chaque lieu, chaque événement, a été choisi avec une prévoyance politique, garantissant que la présence de Kennedy résonnerait fortement auprès du peuple du Texas.

Cependant, les instructions de Jenkins ne se sont pas arrêtées à l'itinéraire. Il a suggéré que Bruno visite le Texas au préalable pour rencontrer le gouverneur Connally et évaluer lui-même les sites. Le contact personnel, a sous-entendu Jenkins, était crucial pour garantir que tout se passerait comme prévu. De plus, Bruno devait rencontrer le sénateur démocrate du Texas Ralph Yarborough, un ennemi politique acharné de Connally et Johnson. Le but était d'aplanir les éventuels conflits et d'assurer un front uni lors de la visite du président.

Bruno a compris l'importance de ces réunions. Le paysage politique du Texas était rempli de complexités, et l'harmonie entre les différentes factions était essentielle pour le succès du voyage. La directive de faire le lien avec Yarborough soulignait l'équilibre délicat qu'ils devaient maintenir, un équilibre qui serait crucial dans les jours précédant et pendant la visite.

Alors que la réunion se terminait, Bruno quitta le bureau de Jenkins avec une mission claire. Les jours à venir seraient remplis de voyages et de réunions, chaque étape le rapprochant de la finalisation des détails d'un voyage qui était destiné à devenir historique. L'air de Washington, D.C., ce jour-là était lourd d'anticipation et de la tension subtile qui accompagne les entreprises significatives.

Le soleil se couchait sur la capitale, projetant de longues ombres sur la Maison Blanche et ses édifices environnants. L'esprit de Bruno était un tourbillon d'horaires, de détails de sécurité et de stratégies politiques. La planification minutieuse qu'il avait entreprise avec Jenkins était maintenant sur le point de se réaliser, chaque décision étant un élément constitutif du voyage qui les attendait.

Adlai Stevenson II prononce un discours controversé.

Date : Jeudi, 24 octobre 1963.

Heure : Inconnue.
Ville : Dallas.
État : Texas

L'État de l'étoile solitaire a été témoin d'un incident qui résonnerait dans ses couloirs du pouvoir. La Journée des Nations Unies a été marquée par un discours très attendu d'Adlai Stevenson II, l'ambassadeur des États-Unis aux Nations Unies. Le lieu, le Dallas Memorial Auditorium, était empli d'une sensation d'attente et de tension, l'air était chargé de l'anticipation du discours.

Alors que Stevenson montait sur scène, l'atmosphère était électrique. Son discours, destiné à favoriser l'unité et la coopération mondiale, est rapidement devenu controversé. La réaction de la foule était loin d'être accueillante ; les murmures de mécontentement se sont transformés en une chorale de huées et de railleries. L'ambassadeur, connu pour son calme et son éloquence, a continué sans se laisser démonter, sa voix étant un phare de raison au milieu de la montée de l'hostilité.

Cependant, la situation a rapidement dégénéré au-delà de la contestation verbale. Alors que Stevenson terminait son discours et se frayait un chemin à travers la foule, l'hostilité est devenue physique. Au milieu du chaos, il a été frappé à la tête avec une pancarte de piquet, un acte d'agression qui a choqué les spectateurs. La violence ne s'est pas arrêtée là ; Stevenson a également été craché dessus, une grave insulte qui a ajouté à la tension déjà palpable de la journée.

Cet événement troublant ne s'est pas produit en isolation. Il était un présage de l'agitation croissante et des sentiments extrêmes qui se développaient au sein de certaines factions à Dallas. La police locale, qui avait été témoin de la violence et de la virulence de la manifestation,

146

craignait que des scènes similaires n'éclatent lors de la prochaine visite du président Kennedy. L'agression contre Stevenson a servi d'avertissement sinistre, un présage des dangers potentiels qui se cachent.

Dans les suites, plusieurs individus, y compris Stevenson lui-même, ont appelé à la prudence. Ils ont mis en garde le président Kennedy contre une visite à Dallas, leurs préoccupations étant ancrées dans le souvenir récent de l'accueil violent réservé à Stevenson. Malgré ces avertissements, Kennedy a choisi de poursuivre ses plans, inébranlable dans son engagement à se connecter avec les citoyens de Dallas.

Les événements du 24 octobre 1963 ont jeté une longue ombre sur les jours qui ont suivi. L'agression subie par Adlai Stevenson au Dallas Memorial Auditorium n'était pas simplement un incident isolé, mais le reflet du climat politique turbulent. La violence de ce jour a résonné dans les rues de Dallas, une ville sur le qui-vive, présageant les événements tragiques qui allaient bientôt se dérouler.

Bruno Commence l'Évaluation des Arrêts au Texas pour la Visite de Kennedy.

Date : Lundi, 28 octobre 1963.

Heure : Inconnue.
Ville : Austin.
État : Texas

Le soleil commençait tout juste à se lever le lundi 28 octobre 1963, lorsque Jerry Bruno a embarqué pour un vol à destination d'Austin, au Texas. La capitale, connue pour ses bâtiments gouvernementaux animés et sa culture vibrante, attendait son arrivée avec une anticipation silencieuse. La mission de Bruno était claire : commencer une évaluation approfondie des arrêts envisagés pour la visite du président John F. Kennedy prévue pour les 21 et 22 novembre.

Bruno, l'homme de confiance et méticuleux en charge de la préparation des voyages de Kennedy, connaissait l'importance de cette visite. Les enjeux étaient élevés, et chaque détail devait être parfait. Alors que l'avion descendait sur Austin, il passait en revue ses plans, se préparant mentalement à l'examen minutieux que chaque lieu allait subir.

Austin l'a accueilli avec sa chaleur caractéristique, la ville baignée dans la lumière dorée de la fin de l'automne. Le paysage était un mélange de monuments historiques et de développement moderne, reflet du riche patrimoine du Texas et de son esprit tourné vers l'avenir. La première tâche de Bruno était d'évaluer la logistique et la sécurité de chaque arrêt proposé, s'assurant que chaque aspect de l'itinéraire du Président se déroulerait sans encombre et en toute sécurité.

L'itinéraire proposé était ambitieux. Il comprenait une série d'arrêts de haut profil conçus pour maximiser l'exposition de Kennedy au public et aux responsables locaux. L'évaluation de Bruno a commencé par une enquête minutieuse des sites suggérés par le gouverneur John

Connally. Chaque emplacement a été examiné pour sa faisabilité logistique, ses vulnérabilités en matière de sécurité et le potentiel de grandes foules enthousiastes.

L'un des arrêts clés était San Antonio, où le plan était que Kennedy arrive en avion puis conduise dans un cortège jusqu'à la base aérienne de Brooks. De là, l'entourage s'envolerait pour Houston et naviguerait à travers un autre cortège jusqu'à l'hôtel Rice. L'hôtel, un lieu emblématique de Houston, devait accueillir le dîner Albert Thomas, un événement d'importance politique significative. Kennedy passerait la nuit à l'hôtel, ajoutant une autre couche de complexité aux arrangements de sécurité.

Le lendemain matin, le 22 novembre, le programme prévoyait un vol pour Fort Worth, où Kennedy devait recevoir un diplôme honorifique à l'Université Chrétienne du Texas à 9h30. Cette étape n'était pas seulement un honneur cérémonial, mais aussi un engagement stratégique avec la communauté universitaire. Après la cérémonie, un court cortège devait emmener le Président à Dallas, où il devait assister à un déjeuner lors de la réunion annuelle du Conseil des Citoyens de Dallas à l'hôtel Statler Hilton.

Le texte détaillé comprenait également un dîner de collecte de fonds à Austin avant le retour du Président à Washington. Chaque arrêt était une occasion minutieusement planifiée pour se connecter avec différents segments de la population du Texas, des leaders académiques aux politiciens locaux influents.

Les responsabilités de Bruno allaient au-delà de la logistique. Il était également chargé de gérer les nuances politiques du voyage. Cela comprenait une réunion cruciale avec le sénateur démocrate du Texas Ralph Yarborough, un rival politique du gouverneur Connally et du vice-président Lyndon Johnson. Le but était de s'assurer que tout conflit potentiel était atténué, présentant un front uni lors de la visite du président.

Alors que Bruno se déplaçait de site en site, il prenait des notes détaillées, consultait les responsables locaux et évaluait la convenance de chaque lieu. Son œil aiguisé pour les détails et sa profonde compréhension des dynamiques politiques étaient cruciaux pour élaborer un itinéraire sans faille.

L'évaluation était un mélange d'art et de science. Bruno a équilibré le besoin d'une large participation publique avec l'impératif de maintenir la sécurité du Président. Les itinéraires étaient planifiés avec une précision militaire, chaque arrêt étant chorégraphié pour permettre une interaction maximale avec le public tout en minimisant les risques.

Alors que la journée touchait à sa fin, Bruno ressentait un sentiment d'accomplissement. L'évaluation avait été rigoureuse, mais elle était nécessaire. La prochaine visite s'annonçait comme un événement significatif, qui ne nécessitait rien de moins que la perfection dans sa planification et son exécution.

Bruno rencontre les leaders syndicaux et le gouverneur John Connally.

Date : Mardi, 29 octobre 1963.

Heure : Inconnue.
Ville : Austin.
État : Texas.

Ayant déjà commencé son évaluation des arrêts proposés, Bruno devait rencontrer aujourd'hui des personnalités clés pour recueillir des informations et finaliser les détails. La première réunion à son ordre du jour était avec Henry Brown, le président du Texas AFL-CIO et un proche associé du sénateur Ralph Yarborough. Les perspectives de Brown étaient inestimables, représentant les voix des leaders syndicaux dont le soutien était crucial pour la stratégie politique de Kennedy.

Bruno est arrivé au lieu convenu, un sentiment de détermination gravé sur son visage. La réunion avec Brown était à la fois stratégique et nécessaire, offrant une plateforme aux dirigeants syndicaux pour exprimer leurs attentes et leurs préoccupations. Brown, avec sa présence imposante et sa profonde compréhension du mouvement ouvrier, a souligné l'importance de répondre aux besoins et aspirations des travailleurs du Texas. La conversation était riche en détails, chaque point étant noté méticuleusement par Bruno, qui comprenait l'importance de chaque nuance dans le dialogue.

Après une session productive avec Brown, Bruno a procédé à un déjeuner avec le gouverneur John Connally. Le gouverneur, une figure clé de la politique texane, avait joué un rôle déterminant dans la suggestion de l'itinéraire pour la visite de Kennedy. Le déjeuner était plus qu'un simple engagement social ; c'était une réunion stratégique pour examiner et affiner les plans.

Le cadre était une salle à manger privée, son ambiance un mélange de formalité et de charme du Sud. Connally, avec son mélange caractéristique de charisme et de perspicacité politique, a accueilli Bruno chaleureusement. La conversation s'est rapidement tournée vers l'itinéraire, avec Connally qui a décrit les arrêts et l'importance de chaque lieu. Un point fort notable était la cérémonie de remise de diplôme honorifique à l'Université Chrétienne du Texas. Compte tenu de l'origine catholique de Kennedy, cet événement occupait une place spéciale dans le programme, symbolisant un pont entre différentes communautés et religions.

Bruno écoutait attentivement alors que Connally détaillait ses plans. Le gouverneur avait assigné des membres de son personnel à chaque arrêt, s'assurant que chaque aspect de la visite était géré avec précision. Cette délégation avait pour but de rationaliser les opérations et de fournir une expertise locale à chaque emplacement. L'approche de Connally était méthodique, reflétant sa compréhension des subtilités logistiques et politiques impliquées.

Cependant, Bruno avait ses directives de la Maison Blanche. Tout en accueillant les contributions et suggestions de Connally, il a clairement indiqué que les décisions finales concernant l'itinéraire seraient prises par l'équipe du Président. Cette affirmation soulignait l'équilibre entre la connaissance locale et la prise de décision centralisée essentielle pour une visite de si haut profil.

Les discussions de la journée ont été intenses et approfondies, reflétant l'enjeu élevé de la visite du Président au Texas. Chaque détail a été scruté, des arrangements de sécurité aux engagements publics, garantissant que l'itinéraire serait non seulement percutant mais aussi sans faille.

Le gouverneur Connally annonce le "Dîner de Bienvenue au Texas" pour Kennedy.

Date : Mardi, 29 octobre 1963.

Heure : Inconnue.
Ville : Austin.
État : Texas

Alors que le Gouverneur s'adressait à la presse rassemblée, sa voix portait un mélange d'excitation et de gravité. Il a annoncé qu'un "dîner de bienvenue au Texas" aurait lieu à Austin le 22 novembre, un grand événement conçu pour honorer le Président et souligner l'importance de sa visite dans l'État de l'étoile solitaire. Le dîner, a-t-il révélé, serait un événement à 100 dollars l'assiette, prévu pour 19h30 au Austin Municipal Auditorium. Cette annonce a marqué le dîner comme l'événement culminant du voyage de Kennedy au Texas, promettant une soirée de célébration et de signification politique.

Les propos de Connally ont été accueillis par des signes d'approbation et le griffonnage rapide de notes par les journalistes. Le gouverneur a détaillé comment cet événement prestigieux était parrainé par le comité exécutif démocrate de l'État, soulignant l'effort unifié pour rendre la visite de Kennedy mémorable et marquante.

Ce dîner, a-t-il souligné, faisait partie d'un itinéraire plus large soigneusement conçu pour maximiser l'engagement du Président avec le peuple du Texas. Alors que les plans pour d'autres arrêts étaient encore en cours de finalisation, Connally a confirmé que les préparatifs pour le dîner d'appréciation d'Albert Thomas le 21 novembre à Houston étaient déjà bien avancés. Cet événement, lui aussi, était crucial, rendant hommage au député influent et renforçant les liens de Kennedy avec des figures clés du Texas.

153

Dans les moments de calme qui ont suivi l'annonce, le poids des mots du Gouverneur s'est abattu sur la pièce. Ce dîner était plus qu'un simple repas ; c'était un symbole d'alliance politique et un geste d'hospitalité du Texas envers son Président.

Alors que le Gouverneur concluait son annonce, l'anticipation pour la visite de Kennedy devenait encore plus palpable. L'Auditorium Municipal d'Austin, avec sa capacité à accueillir de grands rassemblements illustres, était un choix approprié pour une occasion aussi significative. L'événement promettait non seulement d'être un point fort du voyage de Kennedy, mais aussi un témoignage de la planification et de la coordination minutieuses parmi les dirigeants politiques du Texas.

L'annonce du gouverneur Connally a été un coup de maître d'orchestration politique, préparant le terrain pour une soirée inoubliable qui marquerait le voyage du Président à travers le Texas. La soirée du 22 novembre était désormais marquée sur les calendriers à travers l'État, un phare d'anticipation et de préparation pour un événement d'importance historique.

Bruno et Johnson Aident à la Tournée d'Évaluation de Clifton Carter.

Date : Mercredi, 30 octobre 1963.

Heure : Inconnue.
Ville : Plusieurs villes.
État : Texas

Le matin frais du mercredi 30 octobre 1963, Jerry Bruno et Clifton Carter, un assistant du vice-président Lyndon Johnson, se sont lancés dans une mission critique à travers l'immense étendue du Texas. Le voyage était une évaluation méticuleuse des villes prévues pour accueillir le président John F. Kennedy lors de sa prochaine visite. Chaque arrêt sur leur route avait un poids politique et logistique significatif, nécessitant un examen approfondi pour garantir le succès de la visite.

Leur première destination était San Antonio. Le riche patrimoine militaire de la ville et sa vie civique animée en faisaient une étape clé. Bruno et Carter ont minutieusement vérifié les sites proposés, confirmant que les arrangements à San Antonio étaient acceptables et prêts à recevoir le Président.

Ensuite, le duo s'est rendu à Houston, où les préparatifs étaient tout aussi cruciaux. La ville, connue pour son industrie spatiale en plein essor et sa communauté dynamique, était un point stratégique du tour. Les sites de Houston, y compris le lieu du dîner d'appréciation d'Albert Thomas, ont été inspectés et confirmés comme convenables. Les arrangements à Houston étaient conçus pour maximiser l'engagement de Kennedy avec à la fois l'élite politique locale et le grand public.

Cependant, le voyage a pris une tournure complexe lorsqu'ils sont arrivés à Fort Worth. À l'Université Chrétienne du Texas, le lieu prévu pour l'un des discours de Kennedy, Bruno a rencontré une nouvelle inattendue. Les responsables de l'école lui ont informé que l'université n'avait pas l'intention de décerner un diplôme honorifique au Président, contrairement aux plans initiaux. Au lieu de cela, ils n'avaient approuvé que l'utilisation de leur campus pour un discours. Ce développement était un écart significatif par rapport à l'itinéraire prévu et posait un défi à l'emploi du temps soigneusement élaboré.

Bruno a rapidement communiqué ce problème au gouverneur John Connally. Le gouverneur, une figure clé dans l'organisation de la visite au Texas, a assuré à Bruno qu'il aborderait la question avec le conseil des régents de l'université la nuit suivante. Cette réponse rapide soulignait l'importance de la situation et la nécessité d'une action rapide et décisive pour maintenir l'intégrité de l'itinéraire du président.

Avec les préoccupations de Fort Worth temporairement mises de côté, Bruno a continué vers Dallas. La ville, encore marquée par la récente violence contre Adlai Stevenson II, exigeait une prudence et une surveillance accrues. La tâche de Bruno était d'évaluer la salle de bal de l'hôtel Statler Hilton, destinée à un déjeuner avec le Conseil des Citoyens de Dallas le 22 novembre. Ici, il a rencontré des leaders locaux influents, J. Erik Jonsson, président du Conseil des Citoyens de Dallas, et Robert B. Cullum, président de la Chambre de Commerce de Dallas.

L'évaluation au Statler Hilton a révélé une nouvelle complication. La salle de bal, initialement réservée pour le déjeuner, était désormais indisponible en raison d'une réservation concurrente par une convention de embouteilleurs. Jonsson et Cullum ont suggéré un lieu alternatif : le Dallas Trade Mart. Malgré les installations spacieuses et accueillantes du Trade Mart, Bruno était mal à l'aise à propos des nombreuses passerelles aériennes, qui pourraient poser des risques de sécurité. Le spectre de l'incident Stevenson pesait lourd, amplifiant les préoccupations de Bruno concernant les menaces potentielles venant d'en haut.

Déterminé à trouver un lieu sûr et approprié, Bruno a demandé à voir d'autres sites disponibles à Dallas. Son insistance sur une évaluation approfondie et une planification méticuleuse reflétait la gravité de la visite et les besoins accrus en matière de sécurité suite aux événements récents. Les évaluations de la journée ont été marquées par un mélange d'évaluations logistiques et de négociations politiques, chaque décision ayant des implications significatives pour la prochaine visite présidentielle.

La tournée du 30 octobre 1963 a été un témoignage de la nature complexe et à haut risque de la planification d'une visite présidentielle. Le voyage de Bruno et Carter à travers le Texas a souligné l'équilibre délicat entre l'engagement public et la sécurité, chaque arrêt étant une pièce critique dans le puzzle complexe de l'itinéraire de Kennedy. La planification méticuleuse et la résolution rapide des problèmes manifestées tout au long de la journée étaient cruciales pour garantir que chaque aspect de la visite du Président serait exécuté sans faille, reflétant le dévouement et l'expertise de ceux impliqués dans l'orchestration de cette tournée historique.

Bruno évalue des sites supplémentaires pour le déjeuner.

Date : Jeudi, 31 octobre 1963.

Heure : Inconnue.
Ville : Dallas.
État : Texas

La tâche de Bruno était de trouver un lieu de déjeuner approprié pour la prochaine visite du président John F. Kennedy, une décision qui avait à la fois une importance logistique et symbolique.

Son premier arrêt fut l'Auditorium Commémoratif de Dallas, une structure imposante avec beaucoup d'espace. Cependant, alors que Bruno traversait la salle immense, il la jugea rapidement trop grande pour le déjeuner prévu. L'immensité de l'espace semblait impersonnelle et peu pratique, ne répondant pas à l'environnement intime et sécurisé qu'il envisageait pour l'engagement du Président.

Sans se laisser décourager, Bruno s'est dirigé vers le Centre de Recherche Postuniversitaire du Sud-Ouest. Niché en périphérie de la ville, le centre disposait d'installations modernes et d'un environnement serein. Cependant, son emplacement constituait un inconvénient majeur. La distance par rapport au centre-ville le rendait peu pratique pour la logistique du cortège présidentiel et le planning serré que l'équipe de Kennedy maintenait. Bruno a noté ces préoccupations, son esprit cherchant déjà des solutions alternatives.

Au cours de ses évaluations, Bruno a reçu des informations selon lesquelles le gouverneur John Connally était mécontent de la décision d'exclure le Trade Mart en tant que lieu potentiel en raison de préoccupations de sécurité liées aux passerelles aériennes. Connally, une figure clé dans l'organisation de la visite de Kennedy au Texas, a insisté pour que le Trade Mart soit réexaminé. Bruno, toujours méthodique, a accepté de revisiter le site malgré ses réserves persistantes concernant sa sécurité.

158

Au fur et à mesure que la journée avançait, Bruno a reçu une autre mise à jour critique. Connally avait rencontré le conseil des régents de l'Université Chrétienne du Texas, seulement pour confirmer qu'ils ne décerneraient pas de diplôme honorifique au Président. Ce développement a laissé un vide notable dans le programme, ajoutant de la pression à la tâche déjà exigeante de Bruno.

Avec Fort Worth et Dallas présentant désormais des défis significatifs, la recherche de Bruno pour un lieu de déjeuner approprié se poursuivait. Une dernière suggestion a été avancée : le Women's Building à Fair Park, connu aujourd'hui sous le nom de Women's Museum. Ce site, situé dans l'enceinte de la foire, offrait un mélange d'accessibilité et de valeur symbolique, pouvant potentiellement fournir le cadre intime et sécurisé que Bruno recherchait.

Un agent du FBI rend visite à Mme Ruth Paine.

Date : Vendredi 1er novembre 1963.

Heure : Inconnue.
Ville : Irving.
État : Texas.

Dans la paisible banlieue d'Irving, au Texas, le premier jour de novembre 1963, Mme Ruth Paine, une femme gentille et assidue, vaquait à ses routines quotidiennes dans sa maison accueillante, où elle avait offert un abri à Marina Oswald et ses enfants. La maison, remplie des bruits des enfants qui jouaient et du ronronnement réconfortant de la vie domestique, s'est soudainement retrouvée sous les feux de la rampe de manière inattendue.

Un coup à la porte a brisé la tranquillité habituelle. Se tenant sur le seuil se trouvait un agent du FBI, sa présence à la fois officielle et déstabilisante. Il s'est présenté, expliquant qu'il était là pour se renseigner sur la localisation de Lee Harvey Oswald. La visite de l'agent a été motivée par une inquiétude croissante au sein du bureau à propos d'Oswald, un homme qui avait récemment fait l'objet d'un examen accru en raison de sa défection vers l'Union Soviétique et de son retour subséquent aux États-Unis.

Mme Paine, bien que surprise par la visite, a gardé son sang-froid. Elle a informé l'agent qu'Oswald louait une chambre à Dallas et travaillait à la Texas School Book Depository, un fait qu'elle a transmis avec une précision calme. Malgré son calme apparent, elle n'a pas perdu de vue l'importance du moment. Elle comprenait la gravité de la situation et les implications d'avoir le FBI intéressé par son pensionnaire.

Marina Oswald, en apprenant l'identité de l'agent du FBI, ressentit une vague d'alarme. La présence des autorités fédérales était un rappel brutal de la précarité de leur situation. Cependant, l'agent la rassura, expliquant que sa visite était simplement routinière et qu'il n'y avait pas de raison immédiate de s'inquiéter. Il n'a pas interrogé Marina directement, se concentrant plutôt sur la collecte d'informations auprès de Mme Paine.

Cette brève interaction, consignée dans les annales du Rapport de la Commission Warren, a mis en évidence le contrôle croissant dont Oswald faisait l'objet dans les semaines précédant l'assassinat du président John F. Kennedy. La visite du FBI à Mme Paine n'était qu'une pièce d'un puzzle complexe de surveillance et d'enquête qui serait plus tard minutieusement examiné par les enquêteurs cherchant à reconstituer la vie et les actions de Lee Harvey Oswald.

Jerry Bruno revient avec des plans non résolus pour son voyage au Texas.

Date : Vendredi 1er novembre 1963.

Heure : Inconnue.
Ville : Washington.
État : D.C.

Aux premières heures d'une matinée fraîche de novembre, l'air à Washington, D.C., était teinté de l'urgence des dilemmes non résolus et du poids des décisions imminentes. Jerry Bruno, un homme de l'avant pour l'administration Kennedy, était en route de retour vers la capitale nationale. Le voyage était chargé des complexités non résolues de la visite du Président au Texas, en particulier l'emplacement du déjeuner à Dallas qui n'était pas encore décidé. Ses pensées s'accéléraient alors que l'avion filait vers Washington, le bourdonnement des moteurs étant un rappel brutal du passage implacable du temps.

Les jours précédents avaient été un tourbillon d'évaluations et de réévaluations, des plans élaborés minutieusement pour être bouleversés par des obstacles imprévus. Cependant, à Fort Worth, une sorte de résolution avait finalement été atteinte. La chambre de commerce locale avait gracieusement accepté de parrainer un petit-déjeuner pour le Président, transformant ce qui avait été un défi logistique en un moment de soutien communautaire. Cet accord a déplacé le séjour du Président de Houston à Fort Worth, lui permettant d'assister au petit-déjeuner tout en respectant son emploi du temps exigeant.

Les détails de l'itinéraire du Texas avaient été une source constante de négociation et d'ajustement. Du Trade Mart à Dallas, qui suscitait des inquiétudes en raison de ses passerelles, à la variété de sites évalués à Fort Worth, chaque lieu comportait son propre ensemble de défis et de risques potentiels. La considération minutieuse de Bruno pour chaque option reflétait non seulement la praticité logistique mais aussi l'impératif de la sécurité présidentielle, renforcée par des événements récents qui avaient jeté de longues ombres sur les plans de l'administration.

Alors que l'avion atterrissait à Washington, D.C., Bruno était parfaitement conscient que le travail était loin d'être terminé. La question persistante de l'endroit où organiser le déjeuner de Dallas restait un problème pressant. La décision ne concernait pas seulement un lieu ; il s'agissait d'assurer la sécurité du Président et la bonne exécution d'une visite politiquement significative.

Les discussions qui attendaient Bruno à Washington seraient intenses, comme elles l'étaient toujours lorsque les enjeux étaient aussi élevés. Pourtant, au milieu de l'incertitude et de l'effervescence des activités, il y avait un sentiment de détermination. L'équipe savait que chaque détail comptait, que chaque décision avait du poids, et que la réussite de la visite du président Kennedy au Texas dépendait de leur planification méticuleuse et de leur dévouement inébranlable.

Préparatifs du Secret Service pour la visite de Kennedy.

Date : 4 novembre 1963.

Heure : Inconnue.
Ville : Dallas.
État : Texas.

4 novembre 1963 : Gerald Behn, l'agent spécial en charge (SAIC) du Secret Service pour la Maison Blanche, a passé un appel téléphonique urgent à Forrest Sorrels, le SAIC du Secret Service du district de Dallas. L'air automnal frais à Washington, D.C., portait le poids d'un danger imminent, car les directives de Behn étaient précises et chargées de l'urgence de la sécurité présidentielle. Il a demandé à Sorrels d'entreprendre une enquête minutieuse sur les bâtiments que le président Kennedy devait visiter lors de son voyage très attendu à Dallas.

Les deux principaux prétendants pour accueillir le déjeuner de Dallas étaient le Trade Mart, qui était fermement favorisé par le gouverneur Connally, et le Women's Building aux champs de foire de l'État, préféré par Bruno. Le Women's Building, avec son charme discret et ses salles spacieuses, semblait plus sûr, manquant des passerelles labyrinthiques qui s'étendaient au-dessus de la salle principale du Trade Mart. Cependant, l'influence politique de Connally était prédominante, jetant une ombre sur les recommandations de Bruno.

Alors que le crépuscule tombait sur Dallas, Sorrels a commencé sa mission de reconnaissance. Le Trade Mart, un centre d'activité commerciale, présentait une série de défis en matière de sécurité. Ses soixante entrées et les passerelles suspendues en hauteur au-dessus du sol étaient considérées comme des menaces potentielles, créant un cauchemar logistique pour le personnel de sécurité chargé de protéger le Président. Le Women's Building, malgré son profil de sécurité supérieur, a fait face à l'opposition de Connally, qui le considérait comme un lieu moins prestigieux.

Plus tard dans la soirée, Sorrels a fait son rapport à Behn, sa voix trahissant la fatigue d'un homme accablé par le poids de la sécurité nationale. Il a exprimé sa préférence pour le Women's Building, tout en reconnaissant son inadéquation en tant que lieu convenant à la stature du Président. Le Trade Mart, malgré sa myriade de préoccupations sécuritaires, restait le choix le plus politiquement acceptable. Les passerelles, tels des sentinelles silencieuses, surplombaient la zone où le déjeuner devait avoir lieu, posant un risque menaçant à la lumière des événements récents à Dallas.

La lutte entre la commodité politique et les impératifs de sécurité reflétait les tensions plus larges de l'époque. La tentative d'assassinat sur Adlai Stevenson quelques jours auparavant avait renforcé la vigilance du Secret Service, jetant une longue et sombre ombre sur leurs préparatifs. La décision pesait lourdement, témoignant de l'interaction complexe entre la sécurité, la politique et l'image présidentielle.

À Washington, Behn a pesé les options présentées par Sorrels. Les risques inhérents au Trade Mart, avec ses intérieurs vastes et exposés, contrastaient fortement avec la sécurité offerte par le Women's Building. Le choix n'était pas simplement logistique mais symbolique, reflétant l'équilibre précaire entre assurer la sécurité du président tout en maintenant la grandeur convenant à son bureau.

Alors que le 4 novembre touchait à sa fin, les délibérations du Secret Service soulignaient la nature périlleuse de la visite imminente de Kennedy à Dallas. Les décisions prises dans ces moments de réflexion et de prudence résonneraient profondément dans les jours à venir, façonnant le cours de l'histoire de manière à la fois tragique et indélébile.

Réunions à la Maison Blanche pour finaliser les arrangements de sécurité.

Date : Mardi, 5 novembre 1963.

Heure : Différents moments tout au long de la journée.
Ville : Washington.
État : D.C.

5 novembre : Bruno visite la Maison Blanche et a des réunions séparées avec Kenneth O'Donnell, Gerald Behn et Walter Jenkins. L'atmosphère est tendue, les couloirs remplis du bourdonnement de pas rapides et de conversations basses. L'importance des discussions sur le prochain voyage du président Kennedy au Texas pèse lourdement sur l'esprit de tous. Bruno, un conseiller expérimenté, ressent la pression alors qu'il entre dans la première salle de réunion où Kenneth O'Donnell l'attend, son visage sévère mais accueillant.

La discussion avec O'Donnell, proche collaborateur du président Kennedy, est intense et concentrée. O'Donnell, connu pour son approche sans détour, souligne la nécessité de mesures de sécurité impeccables. Bruno acquiesce, prenant des notes méticuleuses, conscient de la gravité de garantir la sécurité du président.

Ensuite, Bruno rencontre Gerald Behn, l'agent spécial du Secret Service en charge du détail de la Maison Blanche. Behn, avec ses yeux enfoncés et son comportement posé, passe en revue la logistique de la sécurité. Ils se penchent sur les spécificités de chaque site sur l'itinéraire du Texas, évaluant les risques et la faisabilité. Le Trade Mart de Dallas émerge comme un point de discorde. Behn exprime des préoccupations concernant les nombreuses entrées et passerelles du Trade Mart, qui posent d'importants défis en matière de sécurité. Le spectre de l'incident récent impliquant Adlai Stevenson pèse lourdement dans leurs esprits, soulignant la nécessité d'un environnement sécurisé.

La dernière réunion de la journée de Bruno est avec Walter Jenkins, un autre assistant de confiance. Jenkins, toujours le stratège, considère autant les ramifications politiques que les détails de sécurité. Ensemble, ils passent en revue l'itinéraire une dernière fois. La décision est claire : le Trade Mart, malgré ses avantages logistiques, présente un risque trop grand. Ils conviennent que le Women's Building, bien que moins apprécié par le gouverneur Connally, offre un environnement plus contrôlable pour le déjeuner à Dallas.

Les réunions de la journée aboutissent à un consensus : le Women's Building sera le lieu du déjeuner de Dallas. La décision est transmise à toutes les parties concernées, mettant en marche les préparatifs finaux pour la visite du président Kennedy. Bruno quitte la Maison Blanche alors que les ombres du soir s'allongent, portant le poids des décisions de la journée, sachant que chaque détail désormais en place est crucial pour les jours à venir.

Annonce de presse de la Maison Blanche.

Date : Mercredi, 6 novembre 1963.

Heure : Non spécifiée.
Ville : Washington.
État : D.C.

Le secrétaire de presse de la Maison Blanche, Pierre Salinger, un homme connu pour son assurance et sa présence imposante, s'est avancé pour délivrer des nouvelles qui ont immédiatement captivé l'imagination du public.

"La Première Dame Jacqueline Kennedy", a-t-il déclaré avec un ton de gravité convenant à l'occasion, *"accompagnera le Président Kennedy lors de son voyage au Texas."*.

Cette déclaration simple, diffusée à la presse, a fait des vagues dans la conscience nationale. Jacqueline Kennedy, avec son élégance et sa grâce, symbolisait le charme et la sophistication de l'administration Kennedy. Sa présence lors du voyage n'était pas simplement cérémonielle ; c'était un mouvement stratégique, destiné à renforcer l'image de l'administration dans un état crucial pour l'élection à venir.

La décision d'inclure la Première Dame a été longuement discutée, pesant les avantages potentiels contre les risques inévitables. Son implication était perçue comme un moyen d'adoucir les arêtes politiques et de se connecter plus profondément avec la population texane, qui lui vouait une profonde admiration.

L'inclusion de Jacqueline Kennedy a ajouté une touche personnelle à la visite officielle. Elle promettait un aperçu du côté humain de la présidence, une rare opportunité pour le public de voir leurs dirigeants non seulement en tant que figures politiques, mais aussi en tant que famille. Son charme et sa capacité à captiver les audiences étaient considérés comme des atouts inestimables, en particulier dans un état où les dynamiques politiques étaient aussi complexes que les vastes paysages du Texas.

La décision était également un risque calculé. Le Texas n'était pas juste un état quelconque ; c'était un endroit où les tensions politiques étaient vives, et des événements récents avaient jeté une ombre sur la sécurité du Président. Pourtant, les Kennedy, connus pour leur courage et leur résilience, ont choisi de faire face à ces défis de front.

L'annonce a souligné l'engagement de l'administration à dialoguer directement avec le peuple, malgré les risques. C'était une déclaration de foi dans le processus démocratique et un témoignage de leur croyance en la puissance de la connexion personnelle. La présence de la Première Dame attirerait sans aucun doute des foules plus importantes, intensifierait la couverture médiatique et amplifierait l'impact de chaque geste et mot prononcé lors de la visite.

Oswald fait un essai routier d'une Mercury Comet.

Date : Samedi, 9 novembre 1963.

Heure : 14h00.
Ville : Dallas.
État : Texas.

Vers 14 heures, Lee Harvey Oswald est entré tranquillement dans une concession automobile située au 118 East Commerce. Le showroom brillait sous le soleil de l'après-midi, chaque voiture polie à la perfection, reflétant les ambitions et les rêves de ceux qui cherchaient à les posséder.

Les yeux d'Oswald furent immédiatement attirés par une frappante Mercury Comet Caliente rouge, un coupé deux portes qui dégageait à la fois du style et de la promesse. Il s'approcha du véhicule avec un mélange de curiosité et de détermination, ses doigts effleurant légèrement sa surface lisse et fraîche. L'œil exercé du vendeur remarqua l'intérêt d'Oswald et se déplaça rapidement pour l'aborder.

"C'est beau, n'est-ce pas ?" a dit Albert Bogard, un vendeur expérimenté avec un comportement affable. *"Voulez-vous l'essayer ?"*.

Oswald acquiesça, son expression réservée mais impatiente. Les portes de la concession s'ouvrirent en grand, et la voiture rugit à la vie, son moteur ronronnant avec un grondement bas et régulier. Alors qu'Oswald glissait sur le siège du conducteur, il ressentit une montée momentanée de puissance et de liberté, ses mains agrippant le volant avec un sentiment de détermination.

L'essai routier les a conduits à travers les rues animées de Dallas, la Comet rouge attirant le regard des passants. Oswald manœuvrait la voiture avec une facilité surprenante, sa concentration ne faiblissant pas alors qu'il testait sa réactivité et sa maniabilité. La voiture semblait répondre à chacun de ses ordres, une extension mécanique de sa volonté.

Alors qu'ils retournaient à la concession, Bogard remarqua l'éclat dans les yeux d'Oswald. *"Elle est belle, n'est-ce pas ? Pensez-vous que vous l'emmènerez chez vous aujourd'hui ?"*.

Oswald secoua la tête, une pointe de regret dans sa voix. *"Pas aujourd'hui. Mais je reviendrai dans deux ou trois semaines. D'ici là, j'aurai les 300 dollars d'acompte prêts."*

Bogard sourit, habitué à de telles réponses mais toujours plein d'espoir. *" Nous serons là quand vous serez prêt."*

Oswald est sorti de la voiture, jetant un dernier regard persistant sur la Mercury Comet avant de retourner à la concession. L'instant était bref, mais significatif, un petit mais révélateur fragment de la vie qu'il menait dans ces dernières semaines avant que l'histoire ne grave son nom dans l'infamie.

Le soleil poursuivait sa descente alors que la concession automobile bourdonnait de l'activité de la journée, inconsciente des ombres qui se rassemblaient autour de l'un de ses visiteurs récents. La Comet rouge restait là, témoin silencieux d'un chapitre éphémère dans la vie complexe et énigmatique de Lee Harvey Oswald.

Lee Oswald écrit depuis Dallas à propos de ses contacts et proteste contre les tactiques du FBI.

Date : Samedi, 9 novembre 1963.

Heure : Inconnue.
Ville : Dallas.
État : Texas.

Lee Harvey Oswald a commencé à écrire une lettre, son écriture soignée mais urgente. La lettre était adressée à l'ambassade soviétique à Mexico, une ville qui était devenue un point de passage crucial dans son voyage compliqué.

Dans sa lettre, Oswald a détaillé ses récentes rencontres avec les responsables soviétiques lors de son séjour à Mexico. Ses mots étaient empreints de frustration et de désespoir. Il a raconté comment il avait essayé d'obtenir un visa pour retourner en Russie ainsi qu'un visa de transit par Cuba. Cependant, ses plans ont été contrecarrés par des obstacles bureaucratiques et ses propres ressources limitées.

Le ton d'Oswald est devenu plus agité lorsqu'il a mentionné le FBI. Il a décrit une visite des agents du FBI le 1er novembre, leur présence dans son appartement comme une ombre indésirable. Les questions des agents avaient été intrusives, leurs tactiques agressives. Oswald se sentait acculé, un homme assiégé dans sa propre maison. Il a protesté véhémentement dans sa lettre, condamnant ce qu'il considérait comme du harcèlement et un traitement injuste de la part des autorités américaines.

Il s'est arrêté, son esprit revenant aux jours chaotiques à Mexico. La ville avait été un tourbillon d'espoir et de désespoir. Il se souvenait des longues heures tendues passées à l'ambassade soviétique, de l'anticipation et de la déception écrasante lorsque sa demande a été refusée.

Oswald a écrit sur son projet de voyager à travers Cuba pour atteindre la Russie. C'était un plan qui l'avait rempli d'espoir, une chance d'échapper à l'examen minutieux et à l'oppression qu'il ressentait, lui et sa femme Marina, aux États-Unis. Mais maintenant, ce plan semblait être un rêve lointain, inaccompli et en train de s'estomper. La réalité de sa situation était austère : il était piégé dans un environnement hostile, isolé et surveillé.

Oswald a terminé sa lettre, la signant avec une fioriture qui trahissait son tourment intérieur. Il a soigneusement plié les pages et les a placées dans une enveloppe, l'adressant à l'ambassade soviétique à Mexico. Pendant un moment, il a hésité, fixant l'enveloppe. Cette lettre était une bouée de sauvetage, un appel à l'aide et à la compréhension dans un monde qui s'était retourné contre lui.

Il se leva, ressentant le poids de ses mots. Oswald se dirigea vers le bureau de poste, son esprit étant un tumulte de pensées et de peurs.

Préparatifs présidentiels pour la visite au Texas.

Date : Mardi, 12 novembre 1963.

Heure : 08h20.
Ville : Base aérienne Andrews.
État : Maryland.

C'était le 12 novembre 1963, une journée méticuleusement marquée sur les calendriers de ceux qui étaient dans les cercles intérieurs du pouvoir. À précisément 8h20, le vol spécial, chargé des groupes d'avance responsables des préparations critiques pour le voyage imminent du président Kennedy au Texas, rugit de vie. L'oiseau élégant et argenté a traversé l'aube, ses moteurs résonnant avec une promesse de devoir et de diligence. À bord, un contingent de personnel dévoué se penchait sur des cartes et des horaires, leurs esprits en effervescence de calculs logistiques et d'évaluations de sécurité.

Houston, San Antonio, Austin, Fort Worth et Dallas - chaque ville présentait ses propres défis et nécessitait une planification minutieuse.

Alors que l'avion montait, le paysage en dessous se réduisait à une mosaïque de champs et de villes. À l'intérieur, l'atmosphère était tendue mais collaborative. Les conversations montaient et descendaient sur le bourdonnement des moteurs. Les agents, conseillers et membres du personnel, chacun expert dans son domaine, étaient unis par un objectif commun : préparer le terrain pour la tournée du Président au cœur du Texas, un voyage qui avait une importance politique et la promesse d'une connexion avec le peuple américain.

La tâche des équipes avancées était monumentale. À Houston, ils devaient coordonner avec les forces de l'ordre locales et les dirigeants civiques pour garantir que l'itinéraire du Président se déroule sans accroc. San Antonio nécessitait une approche différente, équilibrant l'ambiance historique de la ville de l'Alamo avec les exigences modernes d'une visite présidentielle. Le paysage politique dynamique d'Austin nécessitait un mélange délicat de sécurité et d'accessibilité. Le charme et l'hospitalité de Fort Worth devaient être mis en avant, tout en gardant un œil vigilant sur d'éventuelles perturbations.

Mais c'était Dallas, l'arrêt final et peut-être le plus crucial, qui exigeait l'examen le plus minutieux. L'horizon de la ville, un mélange de gratte-ciel étincelants et d'édifices historiques, occupait une grande place dans leurs sessions de planification.

Préparatifs présidentiels et changements à Dallas.

Date : Jeudi 14 novembre 1963.

Heure : Inconnue.
Ville : Dallas.
État : Texas.

14 novembre : Cédant aux souhaits du gouverneur Connally, Kenneth O'Donnell revient sur sa décision précédente d'organiser le déjeuner de Dallas au Women's Building et change le lieu pour le Dallas Trade Mart. Selon O'Donnell et Bruno, ce changement de lieu pour le déjeuner, bien que semblant insignifiant à l'époque, modifie de manière spectaculaire l'itinéraire de la caravane à travers Dallas.

La journée a commencé avec une fraîcheur vive dans l'air, le soleil projetant de longues ombres sur les rues animées de Dallas. Kenneth O'Donnell, avec le poids de la responsabilité gravé sur son front, réfléchissait au labyrinthe logistique qui s'étendait devant lui. Sa décision, influencée par les conseils insistants du gouverneur Connally, ne déplacerait pas seulement le lieu du déjeuner du Women's Building au Dallas Trade Mart, mais tracerait également un nouveau parcours à travers le cœur de la ville.

En l'espace de quelques heures, ce qui semblait être un simple ajustement administratif a déclenché une cascade de changements, invisibles mais profonds. L'itinéraire du cortège, minutieusement planifié et cartographié, nécessitait maintenant d'être redessiné. Les rues de Dallas, avec leur dédale de voies et de chemins, allaient témoigner d'un nouveau parcours. Cette modification, apparemment mineure dans le grand schéma de la logistique présidentielle, avait le potentiel de modifier le destin lui-même. La localisation du Trade Mart nécessitait un détour, un changement de trajectoire qui conduirait le cortège sur Elm Street, en passant par le Texas School Book Depository.

Au fur et à mesure que la journée se déroulait, les agents du Secret Service et les responsables locaux se sont réunis pour des discussions intenses, des cartes étalées sur les tables, les doigts traçant le nouvel itinéraire. Chaque virage, chaque rue, était examiné et débattu. Le pouls de la ville s'accélérait avec la nouvelle de la visite imminente du Président, l'excitation se mêlant au courant de tension qui accompagne toujours de telles préparations à haut risque.

La Maison Blanche Annonce l'Itinéraire du Cortège à Travers Dallas.

Date : Vendredi, 15 novembre 1963.

Heure : Inconnue.
Ville : Washington.
État : District de Columbia.

La décision avait été prise : le Dallas Trade Mart accueillerait le déjeuner du Président, un choix de lieu motivé à la fois par la praticité et le prestige. Cette sélection était plus qu'une simple question logistique ; elle symbolisait un engagement à dialoguer avec la communauté des affaires et les habitants de Dallas de manière directe et personnelle. Le Trade Mart, avec ses vastes salles et ses équipements modernes, était considéré comme le cadre idéal pour que le Président prononce son discours, promettant une journée empreinte d'optimisme et d'unité.

Accompagnant cette annonce, il y a eu la révélation que le cortège présidentiel traverserait le cœur de Dallas, un itinéraire méticuleusement planifié pour maximiser l'engagement du public. Le cortège serpentait à travers le centre-ville animé de la ville, permettant à des foules de citoyens d'apercevoir leur leader charismatique, saluant depuis sa limousine décapotable emblématique. L'anticipation du cortège électrisait l'atmosphère, alors que les résidents de Dallas se préparaient avec impatience à accueillir le Président avec une hospitalité à la taille du Texas.

Jusqu'à présent, il y avait eu des spéculations persistantes dans les médias et parmi le public concernant les détails de l'itinéraire du Président. Des questions subsistaient : L'emploi du temps serait-il trop serré pour une procession en centre-ville ? Les préoccupations de sécurité modifieraient-elles les plans ? Ces doutes ont maintenant été dissipés par la déclaration officielle. L'emploi du temps du Président permettrait en effet une pleine escorte motorisée, réaffirmant l'engagement de l'administration envers la transparence et l'accessibilité.

Alors que la nouvelle se répandait, les habitants de Dallas ont commencé leurs propres préparatifs. Les devantures des magasins étaient décorées, les drapeaux étaient déployés et les familles planifiaient leurs sorties pour saisir un moment éphémère avec le Président. Pour beaucoup, ce n'était pas seulement une chance de voir leur leader, mais un moment de fierté personnelle et civique profonde. Le parcours du cortège passerait par des monuments et sillonnerait des rues qui étaient devenues le poumon de la ville, unissant les communautés dans une expérience partagée de signification nationale.

Le Président Kennedy Prononce un Discours à la Convention AFL-CIO.

Date : Vendredi, 15 novembre 1963.

Heure : Inconnue.
Ville : New York City
État : New York.

Sous les gratte-ciels imposants de New York, l'ambiance à l'intérieur de la convention AFL-CIO était chargée d'anticipation. Des délégués de tout le pays s'étaient rassemblés, leurs visages reflétant la diversité de la main-d'œuvre américaine. La salle de convention bourdonnait de conversations sur les droits du travail, les politiques économiques et l'avenir de l'industrie américaine. Dans ce contexte, un événement singulier a attiré le regard collectif de tous les participants - l'arrivée du président John F. Kennedy.

Alors que l'horloge se rapprochait de l'allocution du Président, la sécurité se renforçait et l'atmosphère devenait encore plus électrique. La présence de Kennedy n'était pas simplement cérémonielle ; elle symbolisait un pont entre le mouvement ouvrier et les plus hauts échelons du gouvernement. Lorsqu'il est finalement monté sur scène, la salle a éclaté d'applaudissements, témoignant de sa popularité durable et de l'espoir qu'il inspirait parmi les travailleurs américains.

Avec une attitude confiante mais humble, Kennedy s'est approché du podium. Son discours, minutieusement préparé, cherchait à aborder les problèmes urgents auxquels sont confrontés les syndicats, tout en dessinant une vision d'une Amérique plus prospère et équitable. Sa voix, stable et résonnante, a résonné dans la vaste salle, captivant chaque oreille et chaque cœur présent.

Kennedy a parlé des défis à venir - l'automatisation, la sécurité de l'emploi, des salaires équitables - et a souligné l'engagement de l'administration à soutenir l'épine dorsale de la nation : ses travailleurs. Il a salué la résilience et le dévouement des travailleurs américains, liant leurs efforts à la narration plus large du progrès et de l'innovation américains. Ses mots ont tissé ensemble des propositions de politique et des reconnaissances sincères, trouvant un équilibre qui a profondément résonné avec son public.

Alors qu'il terminait son discours, les applaudissements étaient tonitruants, remplissant la salle de congrès d'une vague d'affirmation. Le Président, avec une grâce caractéristique, a reconnu la foule avant de s'éloigner du podium. Sa présence avait laissé une marque indélébile, galvanisant les délégués et renforçant l'alliance de l'administration avec le mouvement ouvrier.

Arrivée d'Air Force One au Texas.

Date : Jeudi, 21 novembre 1963.

Heure : 23h07.
Ville : Fort Worth.
État : Texas.

21 novembre : À 23h07, Air Force One atterrit à la base aérienne de Carswell en périphérie de Fort Worth, Texas. L'air nocturne est frais, rempli du bourdonnement silencieux de l'anticipation. L'énorme avion, symbole de la puissance et du prestige américains, touche le sol avec grâce sur la piste illuminée. Alors que les moteurs rugissent jusqu'à l'arrêt, la porte d'Air Force One s'ouvre, et le président Kennedy, suivi de près par l'élégante Première Dame Jacqueline Kennedy, descend les escaliers. Ils sont accueillis par Raymond Buck, le président de la Chambre de Commerce de Fort Worth, et sa femme, leurs visages illuminés par les lumières clignotantes des appareils photo capturant ce moment historique.

Non loin derrière, Air Force Two atterrit également à Carswell, transportant le vice-président Lyndon Johnson, le gouverneur du Texas John Connally et le sénateur Ralph Yarborough. La tension est palpable ; Connally et Yarborough, adversaires politiques, évitent le regard de l'autre. La réticence de Yarborough à partager un véhicule avec Johnson, un proche allié de Connally, ajoute une couche de complexité aux préparatifs déjà tendus pour la visite du président.

Alors que le cortège se forme, les dignitaires se préparent pour la journée à venir. Demain promet d'être un tourbillon d'événements, avec les instructions de Kennedy garantissant que Yarborough roulera avec Johnson, malgré leurs différences. Le calme de la nuit dément l'excitation et l'anticipation que le lendemain apportera.

Préparatifs Finaux et Anticipation.

Date : Jeudi, 21 novembre 1963.

Heure : 23h35.
Ville : Fort Worth.
État : Texas.

À 23h35, les Kennedy arrivent à l'Hôtel Texas à Fort Worth, après avoir été acclamés par des sympathisants alignés sur la route vers la West Freeway. Le président et Mme Kennedy serrent la main des admirateurs rassemblés à l'extérieur de l'hôtel avant de se retirer dans leur suite attribuée (Chambre 850) pour la nuit.

Alors qu'ils entrent dans le grand hall, une sensation de grâce royale enveloppe l'espace. La Première Dame, radieuse et posée, échange des sourires et des mots de gratitude avec les personnes qui ont attendu des heures juste pour apercevoir le couple emblématique. Le président Kennedy, toujours l'homme d'État, dégage une aura de confiance et de charme, sa poignée de main est ferme et son comportement chaleureux. Le bourdonnement des conversations et le tumulte des voix excitées créent une symphonie de la démocratie, un témoignage de la connexion vibrante entre le peuple américain et leur président.

Dans leur suite, les Kennedy trouvent un moment de répit dans le tourbillon de leur voyage. La pièce, décorée avec goût et dégageant une élégance subtile, offre un sanctuaire loin du regard du public.

Alors qu'ils s'installent pour la nuit, le poids de leurs rôles et l'importance de leur visite reposent légèrement sur leurs épaules. La Première Dame, toujours soutenante, offre des mots d'encouragement et d'amour. Le Président Kennedy, réfléchi et contemplatif, envisage les jours à venir, son esprit est un tourbillon de plans et de discours encore à prononcer.

Une Routine Matinale Devenue Inquiétante.

Date : Vendredi, 22 novembre 1963.

Heure : 7h23 du matin.
Ville : Dallas.
État : Texas.

7h23 du matin : La première lumière de l'aube effleure à peine l'horizon lorsque Lee Harvey Oswald arrive au Texas School Book Depository à Dallas, accompagné de Buell Wesley Frazier, un jeune collègue. La ville s'éveille sous un ciel matinal clair et vif, l'anticipation de la visite du président Kennedy palpable dans l'air. Le doux bourdonnement de l'heure matinale n'est perturbé que par les pas des deux hommes qui se dirigent vers le bâtiment.

Oswald porte un long paquet enveloppé dans du papier, soigneusement blotti dans ses bras. Le paquet est incongru sur fond de leurs routines matinales habituelles, sa présence jetant une ombre subtile sur le début de journée autrement banal. Frazier, curieux et légèrement perplexe, se tourne vers Oswald et lui demande ce que contient le paquet.

"Oh, juste quelques rideaux," répond Oswald nonchalamment, sa voix stable, ne trahissant rien. La simplicité de sa réponse dissimule l'importance de ce qui se trouve dans l'emballage. Les mots restent en suspens dans l'air, aussi inoffensifs qu'ils paraissent, masquant la gravité du moment.

Les deux hommes poursuivent leur marche dans le dépôt, l'écho de leurs pas résonnant à travers les couloirs vides. Le bâtiment, habituellement rempli de l'agitation des opérations quotidiennes, est calme à cette heure matinale, un témoin silencieux des événements qui se déroulent.

Alors qu'Oswald et Frazier s'installent dans leurs routines, la ville à l'extérieur s'éveille. À l'intérieur du dépôt, les moments s'écoulent avec un calme délibéré. La routine du travail commence à se dérouler, mais le colis, maintenant rangé, détient des secrets qui vont bientôt briser la tranquillité de ce matin de novembre.

Une Allocution Matinale au Milieu de l'Anticipation.

Date : Vendredi, 22 novembre 1963.

Heure : 8h45 du matin.
Ville : Fort Worth.
État : Texas.

8h45 du matin : L'air frais du matin à Fort Worth bourdonne d'excitation alors que le président Kennedy monte pour s'adresser à une foule rassemblée sur la place de l'autre côté de la huitième rue. Le soleil, montant régulièrement dans le ciel, jette une lueur chaleureuse sur la scène, illuminant les visages impatients tournés vers l'estrade improvisée. Les participants, principalement des membres de la Chambre de Commerce de Fort Worth, se tiennent dans l'attente, leurs inclinations républicaines conservatrices momentanément mises de côté alors qu'ils se concentrent sur le leader charismatique devant eux.

Kennedy, impeccablement vêtu et rayonnant de son charme caractéristique, commence à parler, sa voix claire et résonnante, tranchant le calme du petit matin. Ses mots, soigneusement choisis, véhiculent un message d'unité et de progrès, comblant le fossé politique qui caractérise son auditoire. La présence du président, autoritaire et rassurante, remplit la place, attirant les auditeurs dans un moment partagé de fierté nationale.

La foule, une mer de costumes d'affaires et de tenues formelles, écoute attentivement. Leurs visages reflètent une gamme d'émotions - curiosité, admiration et une pointe de scepticisme. Pourtant, alors que Kennedy parle, la puissance de sa rhétorique commence à tisser un sort subtil, sa vision pour l'avenir de l'Amérique résonnant avec les idéaux et les aspirations même des membres les plus conservateurs de son public.

Le président aborde les défis auxquels la nation est confrontée, ses mots imprégnés d'un sens du but et de détermination. Il parle de croissance économique, de sécurité nationale et de la nécessité d'un front

186

uni face aux menaces mondiales. Son discours, bien que bref, est ponctué de moments de légèreté et d'anecdotes personnelles, suscitant des sourires et des signes d'approbation de la foule.

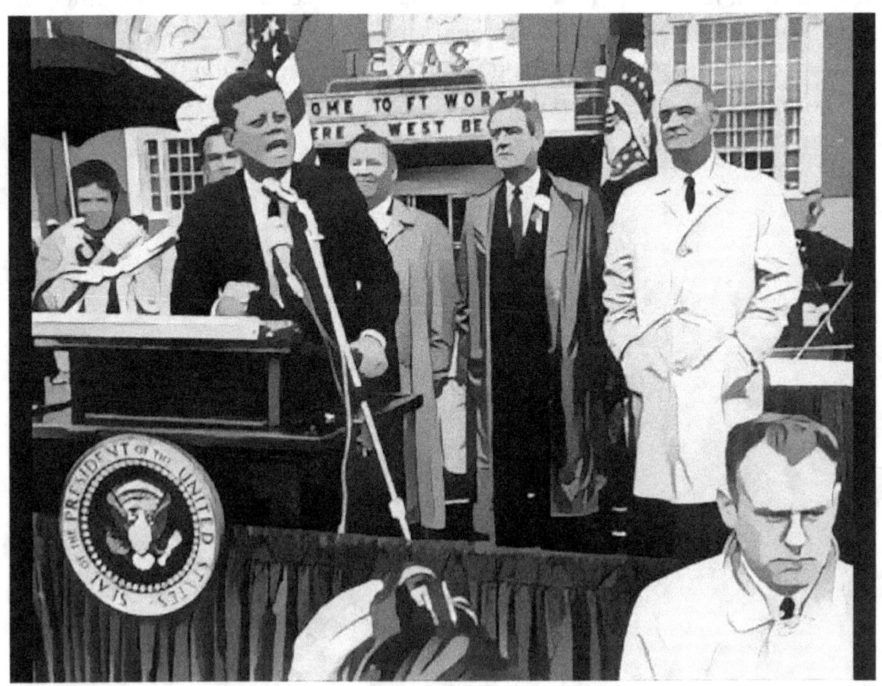

Alors qu'il continue, le ton de Kennedy devient plus sincère, son regard balayant les visages rassemblés. Il reconnaît les différences qui existent au sein du paysage politique mais souligne les objectifs communs qui les unissent en tant qu'Américains. La foule, composée en grande partie de républicains conservateurs, se retrouve à acquiescer, les barrières de la partisanerie momentanément estompées.

Avec un dernier merci, sincère, le président recule, accueilli par une vague d'applaudissements. Le son, qui s'intensifie, résonne dans les rues de Fort Worth, témoignant de l'impact de sa présence et de la puissance de son message. La foule commence à se disperser, les conversations bourdonnent d'un enthousiasme renouvelé et d'un sentiment de but commun.

Alors que Kennedy fait son chemin pour rejoindre son entourage qui l'attend, il s'arrête pour serrer des mains et échanger quelques mots avec les bienfaiteurs rassemblés à proximité. Son sourire, chaleureux et authentique, laisse une impression durable sur ceux qui ont la chance de le rencontrer. La matinée, maintenant bien entamée, porte la promesse d'une journée historique, marquée par la présence indélébile d'un leader qui continue d'inspirer et d'unir.

Départ de Air Force One de la base aérienne de Carswell.

Date : Vendredi, 22 novembre 1963.

Heure : 11h20.
Ville : Fort Worth.
État : Texas.

C'était le vendredi 22 novembre 1963, précisément à 11h20, le majestueux Air Force One, symbole de la puissance et du prestige américain, était prêt sur le tarmac, prêt à emmener le président John F. Kennedy vers sa prochaine destination.

La scène était celle d'une précision orchestrée et d'une anticipation silencieuse. Le personnel militaire, leurs uniformes nets et immaculés, se tenait en formation solennelle, un témoignage silencieux de la gravité du moment. Le Président, accompagné de la Première Dame Jacqueline Kennedy, du gouverneur du Texas John Connally et de sa femme Nellie Connally, est sorti du cortège qui les avait amenés de l'Hôtel Texas dans le centre-ville de Fort Worth. Leurs visages reflétaient l'optimisme et la détermination qui marquaient la présidence de Kennedy, inconscients du sort tragique qui les attendait.

À l'intérieur de l'avion, l'atmosphère était un mélange de conversations professionnelles et décontractées. Le Président, toujours l'homme d'État, révisait ses notes et discutait de l'itinéraire de la journée avec ses aides. La Première Dame, élégante et posée, participait à des plaisanteries légères, sa présence étant une influence apaisante au milieu de l'effervescence du voyage. Les Connallys, tout aussi posés, reflétaient l'importance de la visite au Texas pour la politique de l'État et nationale.

Alors que l'horloge sonnait 11h20, Air Force One s'élevait gracieusement dans le ciel, quittant la sécurité de la base aérienne de Carswell. Le vol vers Love Field à Dallas était bref, une simple quinzaine de minutes qui ferait le lien entre l'anticipation et la tragédie. Le voyage était doux, l'avion traversant l'air avec la facilité d'un oiseau en vol. En

189

dessous, le paysage texan se déployait, un patchwork d'étalement urbain et de campagne ouverte, un témoignage de l'immensité et de la diversité de l'État.

Alors que Air Force One atterrissait à Dallas à 11h38, le monde retenait son souffle, ignorant que les pages de l'histoire étaient sur le point d'être irrévocablement modifiées. Le Président, toujours optimiste, descendit avec un sourire, prêt à rencontrer les habitants de Dallas, ses pensées étant sans doute tournées vers l'avenir et les promesses qu'il recelait.

Arrivée et Accueil à Love Field.

Date : Vendredi, 22 novembre 1963.

Heure : 11h44.
Ville : Dallas.
État : Texas.

Il était 11h44 ce fatidique vendredi 22 novembre 1963, et l'atmosphère était chargée d'un mélange d'excitation et d'optimisme. Le président John F. Kennedy, accompagné de la première dame Jacqueline Kennedy, est descendu de l'avion, leur présence attirant immédiatement l'attention et l'admiration de la foule rassemblée.

Le gouverneur John Connally et sa femme, Nellie, suivaient de près, leurs expressions étant un mélange de fierté et d'attente. Alors qu'ils descendaient les marches, ils furent accueillis par le vice-président Lyndon B. Johnson et sa femme, Lady Bird Johnson, les quatre échangeant des salutations chaleureuses et des plaisanteries, inconscients de l'ombre sombre qui planait sur les événements de la journée.

Le cortège lui-même était un témoignage de l'ingénierie et de la sécurité américaines du milieu du siècle, présentant une procession de véhicules polis et brillants. À l'avant-garde se trouvait la limousine présidentielle, une Lincoln Continental décapotable de 1961 spécialement conçue, dont le toit avait été retiré pour offrir au public une vue claire du Président et de la Première Dame. Les Connally étaient assis juste devant eux, le gouverneur Connally positionné directement devant le président Kennedy, un arrangement stratégique conçu pour une visibilité maximale et une interaction avec la foule.

Alors qu'ils montaient à bord de leurs véhicules respectifs, l'excitation parmi les spectateurs était palpable. Des sourires et des salutations ont été échangés, une connexion tangible entre le Président et les citoyens de Dallas. Le cortège a commencé sa lente procession dans les rues, le visage du Président rayonnant alors qu'il reconnaissait les acclamations et les salutations de la foule de personnes qui bordaient l'itinéraire.

Les agents du Secret Service, toujours vigilants, ont maintenu leurs positions, scrutant la foule et les environs à la recherche de signes de problèmes. Leur présence était un rappel frappant des risques omniprésents qui planaient sur de tels rassemblements publics. L'itinéraire minutieusement planifié emmènerait le cortège à travers les rues animées de Dallas, passant devant les immeubles imposants qui encadraient l'horizon de la ville, et au cœur de ce qui allait bientôt devenir une scène de tragédie inimaginable.

Pour l'instant, cependant, l'ambiance était à l'enthousiasme débordant. Le Président et la Première Dame, les Connallys et les Johnsons étaient enveloppés dans un moment d'optimisme partagé, une instance éphémère d'unité et d'espoir. Le cortège avançait, portant avec lui le poids de l'histoire et les rêves collectifs d'une nation.

Départ de Love Field.

Date : Vendredi, 22 novembre 1963.

Heure : 11h55.
Ville : Dallas.
État : Texas.

L'atmosphère à Love Field était chargée d'excitation et d'anticipation alors que le cortège présidentiel se préparait pour son voyage à travers Dallas. Il était précisément 11h55 le vendredi 22 novembre 1963, et le soleil brillait intensément, jetant une teinte dorée sur la foule rassemblée. Le président John F. Kennedy et la première dame Jacqueline Kennedy venaient de passer quinze minutes à se mêler à la foule d'enthousiastes supporters, serrant des mains et échangeant des sourires chaleureux.

La foule, une mer de visages remplis d'admiration et d'espoir, s'est précipitée en avant, impatiente d'apercevoir leur Président bien-aimé et son élégante épouse. L'air bourdonnait de l'énergie collective du peuple, leurs acclamations et cris d'encouragement créant une symphonie de fierté civique. Les Kennedy se déplaçaient avec grâce et aisance, chaque geste accueilli avec adulation. La Première Dame, resplendissante dans son tailleur rose, était l'image même de la grâce et du charme, sa présence complétant parfaitement le charisme du Président.

Le cortège était une procession méticuleusement organisée, chaque véhicule brillant et prêt à entreprendre le voyage de 10 miles à travers le centre-ville de Dallas. L'itinéraire, planifié avec précision, emmènerait le Président à travers les rues animées de la ville, de Love Field à West Mockingbird Lane, et ensuite vers le cœur de Dallas. C'était un chemin conçu pour maximiser la visibilité et l'engagement, permettant aux habitants de Dallas de participer à cette occasion historique.

Alors que l'horloge sonnait 11h55, le cortège commençait son départ de Love Field. Les véhicules, dont les moteurs ronronnaient comme des félins satisfaits, avançaient avec une grâce délibérée. La limousine présidentielle prit la tête, ses occupants s'installant dans leurs sièges avec un mélange d'anticipation et de solennité. Le président Kennedy, toujours l'homme d'État, se préparait pour les engagements à venir, tandis que Jacqueline Kennedy continuait de saluer et de sourire à la foule, chacun de ses mouvements capturant l'imagination du public.

Le cortège a tourné à gauche depuis l'extrémité sud de Love Field sur West Mockingbird Lane, la transition étant douce et sans heurts. Les rues, bordées de spectateurs, résonnaient des sons de jubilation et d'excitation. Le cortège, comme une grande parade, se déplaçait à travers les avenues, chaque virage et chaque ligne droite le rapprochant du centre de la ville. Les rayons du soleil dansaient sur le chrome et le verre des véhicules, créant un spectacle éblouissant de lumière et de mouvement.

En progressant le long de la rue principale, le cortège a été accueilli par une foule de bienfaiteurs de plus en plus nombreuse. Les bâtiments le long de l'itinéraire, hauts et imposants, offraient un décor dramatique au spectacle en dessous. Les employés de bureau, accordés une brève pause dans leurs routines quotidiennes, se penchaient par les fenêtres et se tenaient sur les balcons, agitant et acclamant au passage de la procession. C'était un moment d'unité et de but commun, la ville se rassemblant pour célébrer ses visiteurs.

Le rythme du cortège était mesuré, permettant amplement de temps pour l'interaction et l'engagement. Le président Kennedy, un naturel à se connecter avec les gens, saluait et souriait, chaque geste rencontrant des vagues d'applaudissements. La Première Dame, tout aussi engageante, reflétait ses actions, son charme et sa grâce ajoutant à la magie de la journée. Le gouverneur John Connally et sa femme Nellie, assis devant les Kennedy, partageaient ce moment, leur présence soulignant l'importance de la journée pour l'État et la nation.

Alors que le cortège continuait son voyage, l'ambiance était à l'optimisme débridé. Les habitants de Dallas, par milliers, étaient sortis pour montrer leur soutien et leur admiration. L'itinéraire, serpentant à travers le cœur de la ville, était un témoignage d'une planification méticuleuse et du désir de connecter le Président avec autant de citoyens que possible. C'était un voyage rempli de promesses, un prélude aux engagements et aux discours à venir.

Mais sous la surface de cette scène de célébration, un sentiment de pressentiment persistait, inaperçu par la plupart. La chorégraphie soignée du cortège, bien que conçue pour un engagement public maximal, présentait également des vulnérabilités. Les grands bâtiments, les foules, la décapotable ouverte - tous des facteurs qui, avec le recul, seraient scrutés et remis en question. Pour l'instant, cependant, l'accent était mis sur le moment, l'expérience partagée d'assister à l'histoire en train de se faire.

Entrée à Dealey Plaza.

Date : Vendredi, 22 novembre 1963.

Heure : 12h29.
Ville : Dallas.
État : Texas.

Le soleil était haut dans le ciel du Texas, projetant des ombres nettes alors que le cortège approchait du cœur historique de Dallas. Il était 12h29 le 22 novembre 1963, une journée marquée par la promesse et le danger. Alors que le cortège tournait à droite sur Houston Street, se dirigeant vers l'ouest, un sentiment palpable d'anticipation remplissait l'air.

La procession du cortège dans Dealey Plaza était un mouvement calculé, conçu pour rapprocher le président John F. Kennedy du peuple. La plaza, un centre d'importance historique et de grandeur architecturale, offrait un point de vue parfait pour que le public puisse voir leur leader.

Les bâtiments se dressaient, grands et imposants, alors que le cortège motorisé négociait le virage. Le Texas School Book Depository, un bâtiment en brique discret, se tenait en sentinelle sur la place. Ses fenêtres, sombres et sans particularité, ne laissaient rien présager de l'horreur imminente. Le rythme du cortège était régulier, ses occupants inconscients du sort qui les attendait à peine quelques instants plus tard.

La limousine du Président, une élégante Lincoln Continental décapotable de 1961, menait le cortège. Le Président Kennedy, dont le charme et le charisme étaient évidents même à distance, saluait la foule. À ses côtés, la Première Dame Jacqueline Kennedy, resplendissante dans son tailleur rose et son chapeau cloche, imitait ses gestes, son sourire étant un phare de grâce et d'élégance. Le gouverneur John Connally et sa femme, Nellie, occupaient les sièges juste devant, leur présence symbolisant l'unité entre le leadership de l'État et celui du gouvernement fédéral.

Alors que le cortège avançait plus profondément dans Dealey Plaza, les acclamations de la foule résonnaient sur les bâtiments, créant une cacophonie de sons qui remplissait l'espace. Les agents du Secret Service, toujours vigilants, scrutaient la foule et les structures environnantes, leurs sens à l'affût du moindre signe de danger. Le virage sur Houston Street avait été fluide, mais alors que le cortège se préparait à effectuer le prochain virage crucial sur Elm Street, un sentiment de pressentiment planait dans l'air.

La place elle-même, avec ses pelouses soigneusement entretenues et ses jardins minutieusement maintenus, semblait être une oasis de calme dans la ville animée. L'entrée du cortège dans Dealey Plaza était à la fois un grand spectacle public et une marche inconsciente dans les annales de l'histoire.

Alors que le cortège avançait, la voiture de suivi du Secret Service, une Cadillac décapotable de 1955 spécialement équipée surnommée "Halfback", maintenait sa courte distance derrière la limousine du

Président. Le véhicule était occupé par des agents clés chargés de la protection du Président. Sur le siège avant se trouvait le conducteur, l'agent spécial Sam Kinney, et à côté de lui, l'assistant de l'agent spécial en charge, Emory Roberts. La banquette arrière était remplie d'agents vigilants, dont Clint Hill, qui était assigné à Mme Kennedy, ainsi que les agents William Greer, Roy Kellerman, John Ready, Paul Landis et George Hickey, qui était armé d'un fusil AR-15. Chaque agent gardait un œil attentif sur les environs, prêt à répondre à toute menace avec une précision de fraction de seconde.

Le Président continuait à saluer, son comportement détendu et accessible. Jacqueline, toujours la partenaire de soutien, gardait son calme, sa présence témoignant de l'élégance de l'ère Kennedy. Les Connally, eux aussi, dégageaient de la confiance, leur participation étant un élément clé des événements de la journée.

Alors que le cortège approchait du Texas School Book Depository, les acclamations de la foule atteignaient un crescendo. Le bâtiment, avec sa façade sans prétention, se fondait parfaitement dans le décor, ne laissant aucune indication de la terreur cachée à l'intérieur. Le virage à droite sur Houston Street avait été un moment crucial, celui qui a placé le Président dans la ligne de mire d'un assassin en embuscade.

À ce stade, le cortège n'était qu'à quelques secondes du tournant fatidique sur Elm Street, où l'histoire serait irrévocablement modifiée. Les rayons du soleil projetaient de longues ombres, et le ciel du Texas, clair et bleu, était le témoin silencieux du drame qui se déroulait. Le cortège, avec sa formation soigneusement orchestrée, avançait régulièrement, les occupants inconscients de la tragédie imminente qui allait bientôt briser le sentiment de sécurité et d'espoir de la nation.

Dans ces derniers moments de paix relative, la scène était celle de l'unité et de l'engagement public, un témoignage de la connexion durable entre le Président et le peuple qu'il servait. Le virage sur Houston Street, bien qu'apparemment routinier, marquait le début de la fin, un prélude aux événements dévastateurs qui allaient bientôt suivre à Dealey Plaza.

Le Tournant Fatal sur Elm Street.

Date : Vendredi, 22 novembre 1963.

Heure : 12h30.
Ville : Dallas.
État : Texas.

Le cortège, symbole de la grandeur présidentielle, se déplaçait avec une grâce délibérée dans les rues de Dallas, Texas. C'était précisément à 12h30 le vendredi 22 novembre 1963, lorsque le cortège a effectué un virage à gauche aigu de 135 degrés sur Elm Street, une route en pente descendante qui serait bientôt gravée dans la mémoire collective de la nation. Le soleil éclatant du Texas projetait de longues ombres alors que les véhicules manœuvraient le virage, les murmures excités de la foule remplissant l'air.

À cet instant précis, l'immense horloge Hertz Rent-a-Car au sommet du bâtiment du Texas School Book Depository marquait visiblement le passage du temps. Les observateurs ont noté que les aiguilles de l'horloge passaient de 12h29 à 12h30 juste au moment où la limousine du président John F. Kennedy tournait dans Elm Street. Ce changement de temps banal serait bientôt gravé dans l'histoire, capturant l'instant précis avant que la tragédie ne frappe.

La rue Elm, avec sa pente douce et bordée de spectateurs impatients, semblait être une image de calme. La colline verdoyante à droite et la façade imposante du Dépôt à gauche encadraient la scène, offrant un décor presque cinématographique. Le Président, assis à l'arrière de la Lincoln Continental décapotable, saluait la foule adoratrice. À ses côtés, la Première Dame Jacqueline Kennedy, dont le tailleur rose ressortait sur l'intérieur sombre de la voiture, imitait ses gestes. Leurs sourires, radieux et pleins de promesses, démentaient le destin qui les attendait à peine quelques instants plus tard.

Le gouverneur John Connally et sa femme Nellie, assis devant les Kennedy, partageaient l'enthousiasme du public. Le gouverneur se retournait occasionnellement pour parler avec le président, leur conversation se perdant dans le vacarme des acclamations de la foule et le bourdonnement du cortège. Les agents du Secret Service, vigilants et attentifs, maintenaient leurs positions, scrutant la foule et les bâtiments à la recherche de tout signe de danger.

Alors que le cortège avançait dans Elm Street, le Texas School Book Depository se dressait de plus en plus grand, ses fenêtres surplombant le cortège. Le bâtiment, une structure ordinaire en tout autre jour, renfermait un secret sinistre. De l'une de ces fenêtres, un tireur isolé allait bientôt déchaîner une salve de balles qui changerait à jamais le cours de l'histoire.

La transition de l'horloge Hertz de 12h29 à 12h30 a marqué plus qu'un simple passage du temps ; elle a signifié les dernières secondes de l'innocence d'une nation. Alors que le cortège descendait la pente de la rue Elm, le monde semblait retenir son souffle, en équilibre sur le seuil d'un événement monumental. La scène était une de contrastes - les environs paisibles, presque idylliques de Dealey Plaza contre l'imminente perturbation violente.

L'Assassinat du Président Kennedy.

Date : Vendredi, 22 novembre 1963.

Heure : 12h30.
Ville : Dallas.
État : Texas.

Alors que le cortège motorisé s'est engagé sur Elm Street précisément à 12h30, l'atmosphère était électrique d'anticipation. Le président John F. Kennedy, assis à l'arrière de la Lincoln Continental décapotable de 1961, saluait joyeusement la foule. Sa main droite levée, il reconnaissait le public adorant, son sourire radieux contre le ciel clair du Texas.

Les témoins se souviennent que le premier coup de feu a retenti juste après que le Président a commencé à saluer. Les cris de joie de la foule se sont rapidement transformés en cris d'alarme lorsque le bruit aigu des coups de feu a résonné à travers Dealey Plaza. Les spectateurs témoigneront plus tard avoir entendu trois coups de feu distincts, leurs souvenirs étant à jamais marqués par le chaos qui s'ensuivit.

Le film Zapruder, un documentaire involontaire de l'histoire, a capturé l'horrible séquence d'événements. Alors que la limousine du président passait devant le panneau de l'autoroute Stemmons, les images 215 à 223 ont temporairement obscurci la vue. Lorsque le président Kennedy est réapparu à la vue, son expression avait radicalement changé. À l'image 225, sa bouche était grande ouverte dans un cri de douleur, une balle l'ayant frappé à la gorge, une autre dans le milieu du dos. Ses mains, serrées en poings, se sont instinctivement levées vers son visage et sa gorge, une tentative futile pour repousser la douleur.

Le gouverneur John Connally, assis devant le président, a également été touché. Il a réagi presque simultanément, témoignant du timing serré des tirs. L'agent du Secret Service Clint Hill, monté sur le marchepied de la voiture qui suivait, a entendu le premier coup de feu et s'est précipité à l'action. À l'image 308, il était hors du véhicule, sprintant

201

vers la limousine présidentielle, une course désespérée contre la tragédie qui se déroulait.

Au cadre 313, l'impensable s'est produit. La tête du Président a explosé dans une gerbe macabre, un coup direct qui a mis fin à tout espoir de survie. Hill a atteint la limousine quelques instants plus tard, son effort héroïque capturé dans le flou du mouvement. Jacqueline Kennedy, en état de choc et d'horreur, a tendu la main dans une tentative désespérée de rassembler les morceaux de son monde brisé.

La foule, initialement exubérante, était maintenant une mer de confusion et de panique. Des cris remplissaient l'air alors que les gens plongeaient pour se mettre à l'abri, leur esprit peinant à comprendre le violent changement de la célébration à la catastrophe. Le cortège, autrefois symbole de la majesté présidentielle, est devenu une scène chaotique d'intervention d'urgence.

Des agents du Secret Service et des officiers de police ont convergé vers la zone, leurs visages marqués par une détermination austère. Le « Texas School Book Depository », maintenant identifié comme l'origine des coups de feu, est devenu le point central de l'enquête. Les officiers ont rapidement sécurisé le bâtiment, leurs actions soulignées par le besoin urgent d'arrêter l'assassin.

Alors que la limousine filait vers l'hôpital Parkland Memorial Hospital, transportant le président mortellement blessé et le gouverneur blessé, Dealey Plaza était laissée dans un état de silence stupéfait. La réalité de ce qui s'était passé commençait à s'imposer, la gravité du moment éclipsant la confusion.

Le film Zapruder deviendrait une pièce de preuve cruciale, ses images analysées et réanalysées dans la recherche de compréhension. L'image 225, où le président Kennedy est vu pour la première fois en train de se tenir la gorge, marque le moment où la journée est devenue irrévocablement tragique. Les images suivantes, dépeignant la réaction du président et les actions désespérées de ceux qui l'entourent, offrent un aperçu viscéral des dernières secondes de sa vie.

Dans ces moments, le monde a changé. Le voyage du cortège, prévu comme un triomphe de relations publiques, s'est terminé dans l'un des chapitres les plus sombres de l'histoire américaine. Les images de ce jour, figées dans le temps par le film de Zapruder, servent de rappel poignant de la fragilité de la vie et de la soudaineté avec laquelle elle peut être brisée.

Une Sombre Réalisation.

Date : Vendredi, 22 novembre 1963.

Heure : 12h30.
Ville : Dallas.
État : Texas.

Dans l'immédiat après les coups de feu qui ont brisé l'ambiance festive de Dealey Plaza, une prise de conscience glaciale et brutale s'est installée sur les lieux. Quelques secondes après le premier tir, Roy Kellerman, l'agent du Secret Service assis sur le siège passager avant de la limousine présidentielle, a consulté sa montre. Il était précisément 12h30. Il s'est tourné vers William Greer, le chauffeur, et lui a fait part de la situation désespérée.

"12h30", dit-il d'une voix lourde du poids de l'instant, comme si l'heure précise pouvait en quelque sorte contenir l'énormité de ce qui venait de se passer. Avec une rapidité et un professionnalisme, Kellerman a ensuite contacté par radio le chef de la police Jesse Curry pour signaler que le président avait été abattu. L'urgence dans sa voix transperçait les ondes saturées de statique, coupant à travers le choc et la confusion qui saisissaient tous ceux à portée d'oreille.

Le chef Curry, posté non loin du cortège, a immédiatement saisi la gravité de la situation. Sans une seconde d'hésitation, il a transmis un ordre urgent à l'hôpital Parkland, leur demandant de se tenir prêts pour l'urgence entrante. Le journal radio de la police de Dallas a plus tard reflété que cette communication a été faite à 12h30, capturant la seconde précise où l'espoir de la ville s'est transformé en horreur.

Le cortège, symbole de pompe et de fierté présidentielle, était maintenant une scène de mouvement frénétique et d'action désespérée. Les agents du Secret Service se précipitaient, leur formation et leurs instincts les poussant à réagir immédiatement. La limousine, avec ses occupants blessés, se dirigeait à toute vitesse vers l'hôpital Parkland, les sirènes hurlantes, tranchant à travers le lourd rideau d'incrédulité qui pesait sur la ville.

Dans la voiture qui suivait, l'agent Clint Hill avait déjà bondi en action. Entendant le premier coup de feu, il avait sauté de sa position et s'était précipité vers la voiture du Président, son cœur battant à l'unisson avec le bruit sourd rapide de ses bottes sur le pavé. Alors que le deuxième et le troisième coup de feu retentissaient, Hill atteignait l'arrière de la limousine, ses yeux écarquillés devant l'horreur qui se déroulait devant lui.

À l'intérieur de la voiture, la scène était chaotique et tragique. Le président Kennedy, touché par des balles, s'affaissait vers sa femme, Jacqueline, qui tendait la main dans une tentative vaine de rassembler les fragments de leur monde brisé. Le gouverneur John Connally, également touché, se tordait de douleur, les cris de sa femme Nellie perçant l'air.

L'horloge Hertz Rent-a-Car au sommet du Texas School Book Depository se tenait comme un témoin silencieux de la catastrophe qui se déroulait. Ses aiguilles marquaient 12h30, l'instant figé dans le temps, une cruelle juxtaposition face au chaos fluide en dessous. Chaque tic-tac de l'horloge résonnait comme le battement de cœur d'une nation chancelante face à l'agitation brutale et violente.

Alors que le cortège filait vers l'hôpital Parkland, les rues de Dallas se transformaient en un décor surréaliste de mouvement et de bruit. Les spectateurs, qui quelques instants auparavant agitaient les bras et acclamaient, restaient maintenant figés dans un silence stupéfait ou couraient en panique, l'anticipation joyeuse remplacée par une terreur abjecte. L'énormité de la situation commençait à se faire jour pour tout le monde, un souffle collectif qui semblait aspirer l'air même de la place.

Dans le journal de bord radio, l'entrée froide et clinique de l'heure - 12h30 - se tenait comme un enregistrement austère du moment où l'histoire a pris un tournant sombre et irrévocable. La consultation rapide de sa montre par Kellerman, la conduite frénétique de Greer et la communication rapide de Curry à Parkland étaient toutes des actions qui

205

marquaient la tentative désespérée de sauver le Président, une tentative qui était déchirante et vaine.

La réponse rapide, la précipitation vers Parkland, les efforts coordonnés du personnel médical - toutes ces actions, bien qu'immédiates et professionnelles, n'ont pas pu remonter les aiguilles cruelles du temps marquées par l'horloge Hertz. Alors que les minutes s'écoulaient, le poids total de la tragédie s'est abattu sur la ville et la nation, une reconnaissance profonde et douloureuse d'un leader perdu.

En ces secondes, marquées par la notation précise du temps, le cours de l'histoire a changé. La ville animée de Dallas, vibrante et vivante avec l'esprit de progrès, était maintenant une scène pour l'un des événements les plus tragiques de l'histoire américaine. Le cortège, autrefois symbole d'espoir et d'avenir, est devenu un rappel brutal de la fragilité de la vie et de la nature soudaine et irrévocable du destin.

Les Moments Désespérés.

Date : Vendredi, 22 novembre 1963.

Heure : 12h30.
Ville : Dallas.
État : Texas.

Alors que la limousine présidentielle commençait à accélérer, la prise de conscience brutale de l'attaque s'est installée. Mme Jacqueline Kennedy, dans un état de choc et de désespoir, a été entendue hurlant, sa voix perçant à travers le chaos. Dans une tentative frénétique d'échapper à l'horreur derrière elle, elle a grimpé à l'arrière de la limo, ses mouvements étant un mélange tragique de peur et de détermination. Au même moment, l'agent du Secret Service Clint Hill a réussi à sauter sur le véhicule en accélération. Avec une prise agile et déterminée, il s'est accroché à l'arrière de la limousine, se hissant sur le coffre et exhortant Mme Kennedy à retourner à son siège.

L'accélération soudaine du véhicule a transformé le cortège autrefois ordonné en une scène d'urgence frénétique. Alors que Mme Kennedy regagnait sa place, Hill s'est positionné pour la protéger, ainsi que le Président, son corps constituant une barrière vivante contre tout danger supplémentaire. Au milieu de la confusion, les Connally, blessés et terrifiés, ont entendu le cri angoissé de Jacqueline Kennedy : *"J'ai son cerveau dans ma main !"* La réalité crue de ses mots a encapsulé l'horreur du moment, un reflet viscéral du traumatisme qu'ils étaient tous en train de subir.

La limousine, ses sirènes maintenant hurlantes, a traversé les rues de Dallas, guidée par un convoi de motos de police. Le cortège a roulé à une vitesse estimée à 80 miles par heure (130 km/h) le long de Stemmons Freeway et Harry Hines Boulevard, l'itinéraire du défilé autrefois festif est maintenant une course désespérée vers l'hôpital Parkland, à environ quatre miles de distance. L'air était épais de tension, chaque seconde un battement de coeur plus proche d'un résultat incertain.

Vers environ 12h33, Lee Harvey Oswald, le présumé assassin, a quitté le « Texas School Book Depository » par sa porte principale. Quelques instants auparavant, il avait été confronté par le patrouilleur Marion Baker et le surintendant du Dépôt, Roy Truly, dans la salle à manger du deuxième étage. Baker, initialement suspicieux, a laissé passer Oswald après que Truly l'a identifié comme un employé. Alors qu'Oswald traversait le bureau d'affaires du deuxième étage, il a été vu par une secrétaire, son comportement calme et ordinaire malgré le chaos qu'il avait déclenché. En sortant du bâtiment, Oswald a disparu dans les rues de Dallas, se fondant dans la ville insoupçonnée.

Dans la foulée des coups de feu, la confusion initiale a laissé place à une réponse rapide. Truly et Occhus Campbell, le vice-président du Dépôt, ont d'abord affirmé avoir vu Oswald dans la salle de stockage du premier étage. Ce point deviendrait plus tard un sujet de discorde car Oswald, lors de son interrogatoire, a soutenu qu'il était sorti pour regarder le défilé, affirmant qu'il était avec William Shelley, un contremaître du dépôt, devant le bâtiment. Son alibi, cependant, ne correspondait pas aux témoignages d'autres personnes qui l'avaient placé à l'intérieur du bâtiment immédiatement après l'assassinat.

Alors que la limousine approchait de l'hôpital Parkland, la gravité des blessures du président Kennedy est devenue tragiquement évidente. Malgré les meilleurs efforts du Secret Service et du personnel médical, l'impact des balles avait été catastrophique. L'arrivée du cortège à l'hôpital a marqué le début d'une lutte désespérée, bien que finalement vaine, pour sauver la vie du président.

Le personnel de l'hôpital, alerté par la communication rapide du chef de la police Jesse Curry, était prêt à recevoir le président gravement blessé. La réponse rapide, enregistrée dans le journal radio de la police de Dallas à 12h30, soulignait l'urgence de la situation. À l'intérieur de Parkland, l'équipe médicale se préparait au pire, leur détachement professionnel étant un mince vernis sur le poids émotionnel du moment historique qu'ils s'apprêtaient à vivre.

Alors que l'histoire se déroulait en ces minutes critiques, les actions d'individus comme Clint Hill, Roy Kellerman, et d'autres ont mis en évidence la bravoure et la détermination face à une tragédie inimaginable. Leurs efforts, bien qu'ils n'aient pas pu changer l'issue tragique, restent un témoignage de leur dévouement et de leur courage dans les circonstances les plus désespérées.

Les Conséquences de l'Assassinat.

Date : Vendredi, 22 novembre 1963.

Heure : de 12h33 à 12h50.
Ville : Dallas.
État : Texas.

À précisément 12h33, la sombre réalité de l'assassinat a commencé à se concrétiser. Le Texas School Book Depository, l'origine apparente des coups de feu mortels, est devenu un point focal d'une intense activité policière. Les estimations de l'heure à laquelle le bâtiment a été bouclé par les forces de l'ordre varient de 12h33 à 12h50, une fenêtre cruciale pendant laquelle les officiers se sont précipités pour sécuriser la scène et rechercher le coupable.

Malgré l'urgence, les rues autour et dans Dealey Plaza n'ont pas été immédiatement fermées. Des photographies prises seulement neuf minutes après l'assassinat montrent encore des véhicules circulant le long de Elm Street devant le Dépôt, une continuation surréaliste de la normalité au milieu du chaos. La scène était une juxtaposition déconcertante : une rue de ville animée, inconsciente de l'histoire qui se déroulait en son sein, contrastait fortement avec les efforts frénétiques des forces de l'ordre tentant de reconstituer les événements des minutes fatidiques précédentes.

Alors que les officiers se dépêchaient de sécuriser la zone, ils ont été confrontés à une scène de confusion et d'horreur. La colline herbeuse, le passage souterrain et la place elle-même étaient parsemés de spectateurs déconcertés et terrifiés, chacun luttant avec leur propre fragment du cauchemar collectif. Certains pointaient du doigt le Dépôt, tandis que d'autres se dispersaient de peur, incertains de l'endroit d'où pourrait surgir la prochaine menace.

À l'intérieur du Texas School Book Depository, les policiers se sont déplacés rapidement mais prudemment. Leur objectif principal était clair : sécuriser le bâtiment et rechercher l'assassin. Parmi les premiers à arriver se trouvaient le lieutenant J.C. Day et d'autres membres du département de police de Dallas, qui ont commencé une recherche étage par étage. L'atmosphère à l'intérieur était tendue, chaque pièce et couloir pouvant potentiellement cacher le tireur. Le sixième étage a rapidement révélé des preuves cruciales - trois douilles vides près de la fenêtre, et peu de temps après, le fusil, un Mannlicher-Carcano, a été découvert caché derrière quelques boîtes.

La police de Dallas a travaillé sous une pression immense, consciente que chaque seconde comptait. Leurs efforts pour sécuriser le bâtiment et recueillir des preuves étaient méticuleux, motivés par le besoin de comprendre comment une telle tragédie aurait pu se produire. Pendant ce temps, à l'extérieur, les rues ont commencé à se vider lentement alors que davantage d'officiers arrivaient pour contrôler les foules et gérer le chaos.

À travers la ville, le cortège qui avait été quelques instants plus tôt un symbole de fierté présidentielle était maintenant une course effrénée vers l'hôpital Parkland. La limousine, dont les sièges étaient tachés par les preuves horrifiques de la fusillade, filait sur l'autoroute Stemmons et le boulevard Harry Hines. À l'intérieur, les occupants s'accrochaient à l'espoir, poussés par le besoin désespéré d'atteindre une aide médicale.

Alors que ces événements se déroulaient, Lee Harvey Oswald, le présumé assassin, prenait la fuite. Vers 12h33, on l'a vu quitter le bâtiment par la porte d'entrée, un détail qui deviendrait plus tard un point central de l'enquête. Son comportement calme et son apparence banale lui ont permis de se fondre dans la foule inconsciente, disparaissant dans la ville alors que l'ampleur de ses actions commençait à se faire jour pour ceux qui restaient.

L'urgence de la réponse de la police au Dépôt contrastait fortement avec la prise de conscience plus lente de l'ampleur de l'événement par le public. Les véhicules continuaient de circuler à travers Dealey Plaza, leurs conducteurs inconscients de la tragédie nationale qui venait de se dérouler. Ce retard dans la sécurisation de la zone a mis en évidence l'impréparation face à un événement aussi inédit.

Au sein du « Texas School Book Depository », les recherches se poursuivaient méthodiquement. Les officiers et détectives, y compris Jerry Hill, qui a découvert les douilles usagées, ont reconstitué la scène du crime. La présence du fusil, la position de la fenêtre et la trajectoire des balles constitueront tous l'épine dorsale de l'enquête subséquente.

Au fur et à mesure que les minutes s'écoulaient, la réalité de la situation commençait à s'imposer. Les nouvelles se sont répandues rapidement, aidées par la présence croissante de la télévision et de la radio, diffusant les détails de l'assassinat à une nation sous le choc. Le département de police de Dallas, désormais chargé de l'une des enquêtes les plus importantes de l'histoire américaine, était soumis à une pression immense pour fournir des réponses et rendre justice.

Dans les heures qui ont suivi, Dealey Plaza s'est transformée d'un centre-ville animé en un lieu de deuil national solennel. Les images des véhicules circulant encore sur Elm Street peu de temps après l'assassinat servent de rappel troublant de la normalité qui persistait dans ces premiers moments, avant que la pleine mesure de la tragédie ne soit comprise.

Une Alarme Nationale et une Tragédie Collective.

Date : Vendredi, 22 novembre 1963.

Heure : 12h34.
Ville : Dallas.
État : Texas.

À 12h34, une marque indélébile a été gravée dans le tissu de l'histoire américaine. Dans les confins austères d'un bureau de dépêches, le premier bulletin de United Press International a franchi le fil, son message laconique tranchant le bourdonnement ordinaire de la vie quotidienne avec la précision d'un scalpel. Le bulletin disait : *"Trois coups de feu ont été tirés aujourd'hui sur le cortège présidentiel dans le centre-ville de Dallas."*.

Alors que la gravité de ces mots se répandait, ils étaient comme une pierre jetée dans un étang tranquille, créant des ondes qui s'amplifiaient avec une urgence croissante. À travers la nation, le train-train quotidien s'est arrêté brusquement. Les radios crépitaient, et les télévisions scintillaient avec des nouvelles de dernière minute, chaque média répétant le même message sombre : le Président avait été abattu.

La salle de rédaction, habituellement un lieu de chaos contrôlé, bourdonnait maintenant d'une énergie différente - une teintée d'incrédulité et de crainte. Les journalistes, aguerris dans l'art de délivrer des nouvelles, se retrouvaient momentanément paralysés par l'énormité de l'événement qu'ils étaient en train de témoigner. Les téléphones sonnaient sans cesse alors que les journalistes se précipitaient pour confirmer les détails, reconstituer la chronologie et transmettre la tragédie en cours à une nation qui attendait en retenant son souffle.

Dans les maisons, les bureaux et les espaces publics, le public américain était comme hypnotisé. Dans les salons, les familles se rassemblaient autour des postes de télévision, leurs visages éclairés par les images clignotantes d'un cortège à Dallas transformé en cauchemar.

Sur les lieux de travail, les collègues se rassemblaient autour des radios, tendant l'oreille pour entendre chaque mot. La nouvelle, si brutale et si soudaine, se propageait à travers les ondes comme un feu de forêt.

De retour à Dallas, la ville était un tableau de confusion et de panique croissante. Le Texas School Book Depository, identifié comme la source des coups de feu, devenait rapidement l'épicentre d'une vaste opération policière.

Le contraste était frappant. À l'intérieur du Dépôt, les policiers commençaient leur recherche méthodique, chaque étage fournissant des indices qui allaient bientôt reconstituer l'histoire d'un assassinat calculé. À l'extérieur, la vie semblait continuer son rythme banal, bien que maintenant ponctué par le hurlement lointain des sirènes et le murmure des foules grandissantes.

Au moment précis où le bulletin d'information a été diffusé, Jacqueline Kennedy tenait son mari mortellement blessé dans ses bras, le cortège se précipitant vers l'hôpital Parkland dans une tentative désespérée de sauver sa vie. Dans les minutes qui ont suivi, l'espoir collectif d'une nation ne tenait qu'à un fil, chaque mise à jour de Dallas étant une fragile bouée de sauvetage vers un avenir différent.

Le premier bulletin a rapidement été suivi par des rapports plus détaillés, chaque couche ajoutant de nouveaux détails, chaque couche approfondissant la blessure collective. L'état du Président, le lieu de la fusillade, la recherche du tireur - toutes ces informations ont commencé à former une mosaïque de tragédie, chaque tuile étant plus dévastatrice que la précédente.

Alors que l'horloge avançait à partir de 12h34, le choc initial a laissé place à une prise de conscience sinistre. Les présentateurs de nouvelles, leurs voix une force stabilisatrice, transmettaient les mises à jour avec un mélange de détachement professionnel et d'angoisse personnelle. À la Maison Blanche, les aides et le personnel se déplaçaient avec un objectif motivé par le devoir, mais assombri par la crainte grandissante de ce que le rapport final pourrait confirmer.

Au cœur de la nation, Washington D.C., les couloirs du pouvoir vibraient d'une urgence sans précédent. Les sénateurs, les représentants et les fonctionnaires ont reçu la nouvelle avec un mélange d'incrédulité et d'horreur. Les téléphones bourdonnaient avec une urgence implacable, connectant un réseau de responsables désespérés pour des mises à jour et de la clarté.

Pour le peuple américain, le temps semblait s'étirer et se déformer. Les minutes ressemblaient à des heures alors qu'ils restaient accrochés à leurs radios et télévisions, attendant des nouvelles de l'hôpital Parkland. Le sentiment d'unité dans le deuil partagé commençait à prendre le dessus, unissant une nation qui, quelques instants auparavant, vaquait à ses routines disparates.

Le bulletin de United Press International à 12h34 était plus qu'une mise à jour des nouvelles - c'était le déclenchement d'une alarme nationale, un appel à un témoignage collectif d'une tragédie qui redéfinirait l'époque. Il marquait le début d'un chapitre sombre de l'histoire américaine, qui laisserait une cicatrice indélébile sur la psyché de la nation.

La Course pour Sauver un Président.

Date : Vendredi, 22 novembre 1963.

À 12h36, la limousine transportant le président Kennedy, dont la surface autrefois brillante est maintenant ternie par la tragédie, est arrivée à l'entrée des urgences de l'hôpital Parkland Memorial. La scène était celle d'un chaos orchestré, le personnel médical, alerté par les transmissions radio urgentes, était déjà prêt à agir. L'air était chargé d'un sentiment de détermination sombre, chaque seconde devenant désormais une précieuse marchandise.

Le Président, gravement blessé, a été immédiatement conduit dans la salle de traumatologie. L'homme autrefois vibrant qui avait salué les foules quelques heures plus tôt était maintenant à peine accroché à la vie. L'équipe de médecins, y compris Malcolm Perry, professeur adjoint de chirurgie à l'Université du Texas Southwestern Medical Center, et un chirurgien vasculaire renommé, s'est mise en action. Le Dr Perry, comprenant la gravité de la situation, a rapidement effectué une trachéotomie pour assurer une voie aérienne. Ses mains bougeaient avec la précision pratiquée d'un chirurgien qui savait que l'échec n'était pas une option, même si l'espoir était faible.

La réanimation cardio-pulmonaire a été initiée par Perry et un autre chirurgien, les compressions rythmiques et les respirations étant une tentative désespérée de ranimer le leader tombé. La pièce était un flou de blouses blanches, le sifflement de l'oxygène, et le bip régulier des moniteurs essayant de suivre la détérioration rapide de l'état du Président. L'urgence dans la pièce était palpable, chaque professionnel de la santé étant parfaitement conscient que l'histoire les observait par-dessus leur épaule.

Le gouverneur Connally, qui avait également été blessé lors de l'attaque, était simultanément soigné dans une autre partie de l'hôpital. Son état, bien que grave, n'était pas aussi immédiatement menaçant pour sa vie que celui du Président. Le personnel médical travaillait avec autant de ferveur pour le stabiliser, une double bataille se déroulant sur les lignes de front de la médecine d'urgence.

Les blessures que le président Kennedy avait subies étaient graves. La balle qui avait traversé son cou et son torse supérieur avait causé des dégâts catastrophiques, et malgré les meilleurs efforts de certains des esprits médicaux les plus brillants, il est rapidement devenu évident que les blessures étaient trop graves. Les médecins ont continué leurs efforts, poussés par un mélange d'espoir, de devoir et la prise de conscience naissante de leur impuissance face à l'ampleur du traumatisme infligé.

Dans ces moments-là, l'environnement stérile de la salle d'hôpital contrastait fortement avec la violence qui avait éclaté dans les rues de Dallas. À l'extérieur, le terrain de l'hôpital grouillait d'agents du Secret Service, de la presse et de citoyens inquiets. Le monde commençait déjà à réagir, les nouvelles se propageant comme une traînée de poudre, chaque rapport étant plus sombre que le précédent.

Jacqueline Kennedy, inébranlable et composée malgré l'horreur qu'elle avait vécue, a été amenée à l'hôpital. Sa présence ajoutait une couche supplémentaire poignante à la scène. Elle avait été avec son mari dans ses derniers moments de conscience, et maintenant elle se tenait là pendant que les médecins se battaient pour le sauver. Son emblématique tailleur rose, maintenant taché de son sang, symbolisait la brutalité réelle des événements de la journée.

Dans ces minutes fatidiques, l'Hôpital Memorial de Parkland est devenu l'épicentre d'une tragédie nationale. Les actions entreprises là-bas, les personnes impliquées et les efforts déployés dans la tentative désespérée de sauver une vie seraient à jamais gravés dans les annales de l'histoire. La journée avait commencé avec espoir et promesse et s'était terminée avec tristesse et un profond sentiment de perte, marquant le début d'un nouveau chapitre incertain pour l'Amérique.

Le Premier Rapport National de Télévision.

Date : Vendredi, 22 novembre 1963.

Heure : 12h40.
Ville : Dallas.
État : Texas.

À 12h40, dans les maisons à travers l'Amérique, les téléspectateurs du feuilleton en direct "As The World Turns" étaient absorbés par le mélodrame quotidien. Le doux bourdonnement de l'intrigue qui se déroulait a été soudainement interrompu. Le visage familier du présentateur de CBS News, Walter Cronkite, est apparu à l'écran, interrompant la diffusion. L'atmosphère dans les salons à travers le pays est devenue tendue alors que les téléspectateurs se penchaient en avant, sentant la gravité du moment.

Cronkite, connu pour sa présence composée et rassurante, affichait maintenant une expression grave. Sa voix, généralement stable, portait un tremblement notable alors qu'il annonçait la nouvelle choquante : *"Trois coups de feu ont été tirés aujourd'hui sur le cortège présidentiel de Kennedy dans le centre-ville de Dallas."* Les mots pesaient lourdement dans l'air, l'énormité de la situation s'imposant à chaque syllabe.

La transition du monde fictif du feuilleton à la réalité brutale des actualités était déconcertante. Pour beaucoup, c'était un moment figé dans le temps, gravé dans leurs mémoires avec une clarté qui perdurerait pendant des décennies. Les scènes de "As The World Turns" se sont estompées en arrière-plan alors que Cronkite fournissait le premier rapport télévisé national sur la tentative d'assassinat.

Alors que Cronkite continuait, les détails ont commencé à se dévoiler. Le choc initial a cédé la place à une montée de peur et d'incertitude. Les téléspectateurs ont appris que le Président avait été gravement blessé, son état étant inconnu. Le ton grave du présentateur a transmis la gravité de la situation, même si les implications complètes restaient floues.

Dans les studios de CBS, l'atmosphère était chargée d'urgence. Les producteurs et les journalistes se précipitaient pour rassembler et vérifier les informations, la salle de rédaction étant un véritable bourdonnement d'activité frénétique. Chaque seconde comptait alors qu'ils assemblaient les fragments d'une histoire qui allait bientôt captiver la nation et le monde.

Pour les téléspectateurs, l'interruption était plus qu'une pause dans la programmation ; c'était un moment qui a brisé l'illusion de la normalité. Les scènes de tranquillité suburbaine et de routines quotidiennes ont été brusquement éclipsées par la sombre réalité qui se déroulait à Dallas. La nation, rassemblée autour de leurs téléviseurs, était unie dans une expérience collective de choc et de deuil.

Le rapport de Cronkite était le premier de nombreux autres ce jour-là, chaque mise à jour apportant plus de détails et approfondissant le sentiment collectif de perte. Au fur et à mesure que les minutes passaient, le bulletin initial serait suivi par d'autres interruptions, chacune révélant une autre couche de la tragédie qui se déroulait.

Dans les salons, les bureaux et les espaces publics, les Américains regardaient et attendaient, le cœur lourd d'appréhension. La diffusion avait transformé une après-midi ordinaire en un moment crucial de l'histoire, un moment qui serait rappelé pour les générations à venir. La nouvelle de la tentative d'assassinat s'est répandue comme une traînée de poudre, la gravité de l'événement résonnant dans chaque coin du pays.

L'impact de ces premiers mots - *"Trois coups de feu ont été tirés aujourd'hui sur le cortège du président Kennedy"* - était profond. Il marquait le début d'un chapitre sombre de l'histoire américaine, un moment qui serait raconté et revécu d'innombrables fois dans les années à venir. Alors que le monde tournait, il a été à jamais modifié par les événements de ce jour fatidique, dont le souvenir resterait gravé dans l'esprit de ceux qui l'ont vécu.

219

Le Pouls de la Tragédie.

Date : Vendredi, 22 novembre 1963.

Heure : 12h45.
Ville : Dallas.
État : Texas

À 12h45, alors que le monde vacillait au bord de l'incrédulité, un appel téléphonique frénétique a percé l'atmosphère tendue de l'Hôpital Mémorial de Parkland. Dan Rather de CBS, serrant le récepteur avec une intensité aux jointures blanches, a tendu la main à travers les lignes ténues de communication. Sa voix, stable mais tremblante face à la gravité du moment, cherchait la vérité que le monde commençait déjà à soupçonner. À l'autre bout, un médecin, accablé par le poids de l'espoir et du désespoir d'une nation, a prononcé un verdict sombre. Il croyait que le Président était mort.

Dans ces moments éprouvants, l'hôpital, lieu de guérison et d'espoir, s'était transformé en l'épicentre d'une tragédie nationale. L'air était chargé d'une tension presque palpable, une charge électrique de tristesse et de choc. Les infirmières et les médecins, qui quelques instants auparavant effectuaient leur routine, se déplaçaient maintenant avec la grâce hantée de ceux qui avaient vu l'indicible. Les couloirs, habituellement remplis des bruits banals de la vie hospitalière, étaient maintenant étrangement silencieux, à l'exception des prières murmurées et des conversations étouffées de ceux qui tentaient de saisir l'énormité des événements qui se déroulaient autour d'eux.

Dan Rather, un journaliste chevronné, a ressenti la main froide de la réalité se resserrer sur son cœur. Les mots du médecin résonnaient dans son esprit, chaque syllabe un coup de marteau de certitude contre le fragile verre de l'espoir. Kennedy, le leader vibrant, le phare d'une nouvelle génération, avait été abattu. L'incrédulité qui avait tenu la vérité à distance commença à se briser, remplacée par les arêtes froides et dures de la réalité.

À l'extérieur, la ville de Dallas semblait retenir son souffle, suspendue dans un moment d'horreur collective et d'incrédulité. Les rues qui avaient été bordées de partisans jubilants quelques heures auparavant étaient maintenant remplies d'un silence stupéfait. Le cortège, qui avait si fièrement transporté le Président à travers la ville, était maintenant un symbole sombre de rêves brisés et de questions sans réponse.

La nouvelle, une fois confirmée, se répandrait comme une traînée de poudre, déclenchant une tempête de tristesse et de colère à travers la nation et le monde. Pour l'instant, cependant, dans cet instant fugace à 12h45, la vérité pesait lourdement dans l'air, une tristesse non dite qui allait bientôt devenir une marque indélébile sur les pages de l'histoire.

À l'hôpital, alors que l'horloge avançait inexorablement, ceux qui étaient le plus proches de la scène commencèrent à se préparer pour le raz-de-marée de chagrin et de chaos qui allait sûrement suivre. Dan Rather, lui aussi, se préparait pour la tâche à venir, sachant qu'il était désormais le porteur d'un message qui allait changer le monde pour toujours.

Alors que les secondes et les minutes s'échappaient, la réalité de l'assassinat commençait à s'insinuer dans la conscience du peuple américain. Le choc initial ferait bientôt place à une profonde et durable tristesse, un deuil collectif pour un leader emporté trop tôt, et pour une nation propulsée dans un avenir incertain et tumultueux.

Informer Air Force One.

Date : Vendredi, 22 novembre 1963.

Heure : 12h50.
Ville : Dallas.
État : Texas.

À 12h50, une atmosphère glaçante enveloppait l'Hôpital Mémorial de Parkland. Le sentiment d'urgence, qui avait imprégné l'air depuis l'arrivée du Président, était maintenant éclipsé par un poids incontestable de désespoir. L'équipe médicale, ayant déployé tous les efforts pour sauver le Président Kennedy, était maintenant confrontée à la dure réalité de leur échec. C'était un moment de silence profond, ponctué uniquement par les chuchotements étouffés du personnel présent.

Au milieu de cet environnement tendu, le général Godfrey McHugh, principal aide militaire de Kennedy, a passé un appel téléphonique crucial depuis Parkland. Sa voix, stable mais chargée de chagrin, a transmis la gravité de la situation au personnel à bord d'Air Force One. L'appel était pour les informer qu'ils allaient bientôt partir pour la base aérienne d'Andrews. C'était une nécessité logistique, mais aussi un signal de l'issue dévastatrice des événements de la journée.

Alors que le général McHugh parlait, les scènes à l'intérieur de Parkland étaient chaotiques mais sombres. Les agents du Secret Service, qui avaient été les gardiens vigilants de Kennedy, se tenaient maintenant en groupes silencieux, leurs visages un mélange de choc et de stoïcisme professionnel. Ils coordonnaient les prochaines étapes, garantissant la sécurité et la sûreté du corps du président, et se préparaient pour le voyage sombre de retour à Washington D.C.

À l'extérieur de l'hôpital, l'ambiance n'était pas moins sombre. La nouvelle de l'assassinat s'était répandue comme une traînée de poudre, laissant la ville de Dallas dans un état de deuil collectif et d'incrédulité. Les gens se tenaient en petits groupes, discutant de la tragique nouvelle à voix basse, leurs visages reflétant un mélange de tristesse et de peur pour ce que cela signifiait pour la nation.

L'appel du Général McHugh a marqué un moment décisif. C'était une reconnaissance que malgré tous les efforts, la mission avait échoué, et maintenant l'attention se tournait vers les conséquences. Les préparatifs pour le départ de Parkland étaient méticuleux. Chaque détail devait être géré avec précision, de la sécurisation de la zone à la garantie que le corps du Président était traité avec le plus grand respect.

Dans les couloirs de Parkland, Jacqueline Kennedy est restée une figure d'une remarquable maîtrise de soi. Sa présence, malgré l'agonie personnelle qu'elle endurait, a apporté une force silencieuse à ceux qui l'entouraient. Elle était restée près de son mari, maintenant une veille digne même pendant que l'équipe médicale travaillait désespérément pour le sauver. Maintenant, alors que la réalisation de sa mort s'installait, sa grâce dans de telles circonstances déchirantes a laissé une impression durable sur tous les présents.

Alors que le général McHugh concluait son appel, le processus d'organisation du départ commença sérieusement. La logistique du déplacement du corps du Président, de la sécurisation de la zone et de la préparation d'Air Force One pour le vol retour a été réalisée avec une efficacité sombre. La gravité de la situation l'exigeait, et ceux qui en étaient responsables se sont montrés à la hauteur, poussés par un profond sens du devoir et du respect pour leur leader disparu.

Ce moment à 12h50, bien que bref, a encapsulé la profonde tristesse et la lourde responsabilité ressenties par ceux qui étaient les plus proches du président Kennedy. Les actions entreprises à ces moments-là allaient préparer le terrain pour le deuil national et la continuité du leadership en temps de crise sans précédent.

L'annonce de la mort du président Kennedy.

Date : Vendredi, 22 novembre 1963.

Heure : 13h00.
Ville : Dallas.
État : Texas.

Vendredi 22 novembre 1963, 13h00 : Le président Kennedy est officiellement déclaré mort. Ceux qui avaient soigné Kennedy ont observé que l'état du président était "moribond", ce qui signifie qu'il n'avait aucune chance de survie à son arrivée à l'hôpital. *"Je suis absolument sûr qu'il n'a jamais su ce qui l'a frappé"*, a déclaré Tom Shires, chef de la chirurgie de Parkland. Le père Huber, a administré les derniers sacrements au président. Huber a dû temporairement retirer un drap couvrant le visage de Kennedy pour que les derniers sacrements puissent être effectués. Connally a été emmené en chirurgie d'urgence, où il a subi deux opérations.

Retarder l'annonce à la Maison Blanche.

Date : Vendredi, 22 novembre 1963.

Heure : 13h00.
Ville : Dallas.
État : Texas.

13h00 : Après avoir reçu la nouvelle de la mort du président, le secrétaire de presse par intérim de la Maison Blanche, Malcolm Kilduff, est entré dans la chambre d'hôpital où le nouveau président Johnson et sa femme étaient assis. Kilduff a dit : *"Monsieur le Président, je dois annoncer la mort du Président Kennedy. Est-ce que cela vous convient que l'annonce soit faite maintenant ?"* Johnson a ordonné que l'annonce ne soit faite qu'après son départ de l'hôpital. Lorsqu'il a demandé que l'annonce soit retardée, Johnson a dit à Kilduff :

"Je pense que je ferais mieux de partir d'ici... avant que vous ne l'annonciez. Nous ne savons pas s'il s'agit d'un complot mondial, s'ils en ont après moi comme ils en avaient après le Président Kennedy, ou s'ils en ont après le Président [John W.] McCormack ou le Sénateur [Carl] Hayden. Nous ne savons tout simplement pas." Il a plus tard raconté à Merle Miller : *"J'ai demandé que l'annonce soit faite après notre départ de la pièce... afin que si c'était un complot international et qu'ils cherchaient à détruire notre forme de gouvernement et les dirigeants de ce gouvernement, nous minimiserions l'opportunité de le faire.".*

La tension était palpable dans la pièce, tous les regards passaient de Johnson à Kilduff, attendant le prochain mouvement dans la tragédie qui se déroulait. L'air était chargé d'incertitude, les ombres des stores tirés projetant de longs doigts sur les visages des personnes présentes. La directive de Johnson de retarder l'annonce soulignait la peur palpable d'une menace plus large, le potentiel de plus de violence se cachant dans chaque battement de cœur. Kilduff, portant le poids de l'annonce, acquiesça solennellement, comprenant la gravité des préoccupations de Johnson.

Alors que le nouveau président se préparait à partir, il jeta un coup d'œil à l'horloge. Chaque tic semblait résonner plus fort, marquant les secondes d'une nation en deuil. Le trajet de la chambre d'hôpital à la voiture qui l'attendait fut rapide, protégé par une formation serrée d'agents du Secret Service. Dehors, le soleil continuait de briller, indifférent à la calamité qui venait de s'abattre sur le monde.

Après avoir quitté le Dépôt.

Date : Vendredi, 22 novembre 1963.

Heure : 13h00.
Ville : Dallas.
État : Texas.

Après avoir quitté le dépôt, Oswald a marché sept pâtés de maisons avant de monter dans un bus. Lorsque le bus s'est retrouvé coincé dans la circulation, il est descendu du bus, s'est rendu à une station proche et a pris un taxi. Il a demandé au chauffeur de s'arrêter plusieurs pâtés de maisons après sa pension de famille au 1026 North Beckley Avenue, puis il est retourné à pied à la maison. Il est arrivé là-bas vers 13h00.

Pas simplement un homme debout à un arrêt de bus.

Date : Vendredi, 22 novembre 1963.

Heure : 13h04.
Ville : Dallas.
État : Texas.

Selon la gouvernante Earlene Roberts, Oswald a quitté sa pension de famille quelques minutes seulement après son arrivée. Son départ a été marqué par un sentiment de précipitation, une urgence qui trahissait la façade calme qu'il avait réussi à maintenir. Roberts l'a observé depuis la fenêtre, son esprit tourbillonnant d'inquiétude alors qu'elle remarquait la façon dont il semblait se fondre dans l'agitation de la vie citadine à l'extérieur.

Oswald marchait d'un pas vif, chaque pas étant une marche vers un destin incertain. La pension de la North Beckley Avenue se tenait silencieuse derrière lui, témoin austère de sa sortie précipitée. La vibrance de la ville continuait autour de lui, inconsciente du nuage sombre qui planait sur cette figure solitaire.

Alors qu'Oswald atteignait l'arrêt de bus, il s'arrêta momentanément, jetant un regard en arrière vers la maison. Pour tout observateur occasionnel, il semblerait qu'il était juste un autre homme vaquant à ses occupations. Mais dans ces brefs instants, Roberts l'a vu pour la dernière fois debout là, une figure gravée dans sa mémoire avec une clarté troublante. L'arrêt de bus, normalement une partie banale du paysage urbain, se tenait maintenant comme une sentinelle silencieuse face à la tempête imminente.

La description de Roberts du départ d'Oswald a ajouté une couche de pressentiment aux événements de la journée. Sa dernière vision de lui, debout à l'arrêt de bus, était teintée d'un sentiment de finalité. C'était comme si, à ce moment-là, le temps s'était arrêté pour marquer le passage d'un homme qui serait bientôt propulsé dans les annales de l'histoire pour toutes les mauvaises raisons.

Dans le calme de la pension, Roberts ne pouvait que regarder et s'interroger. Sa dernière vision d'Oswald à l'arrêt de bus restait gravée dans son esprit, une image d'un homme au bord de l'infamie. Les rues de Dallas, remplies de l'agitation ordinaire de la vie quotidienne, étaient maintenant le décor d'un chapitre extraordinaire et tragique de l'histoire américaine.

Au fur et à mesure que les minutes s'écoulaient, la gravité des événements de la journée commençait à peser lourdement sur la ville. L'acte banal de monter dans un bus, de se tenir à un arrêt de bus, prenait une nouvelle signification inquiétante. Dans ces moments-là, Dallas était à la fois une ville comme les autres et une ville au bord d'une transformation profonde et déchirante.

La mort de l'officier J.D. Tippit.

Date : Vendredi, 22 novembre 1963.

Heure : 13h15.
Ville : Dallas.
État : Texas.

À précisément 13h15, la tension silencieuse d'Oak Cliff a été brisée par le bruit des coups de feu. L'air vif de novembre portait l'odeur des feuilles tombées et des gaz d'échappement lointains alors que l'officier J.D. Tippit patrouillait dans le quartier, ses sens en alerte face à toute activité inhabituelle suite à la tragique nouvelle du centre-ville. L'intersection de la 10ème rue et de l'avenue Patton, ordinairement sereine, est devenue le décor d'un acte soudain et violent qui serait gravé dans les annales de l'histoire américaine.

Lee Harvey Oswald, le visage marqué par une détermination implacable, marchait résolument sur le trottoir. Ayant quitté sa pension de famille quelques minutes plus tôt, il avait traversé les rues avec la précision froide de quelqu'un en mission. Le trajet en bus, le taxi - chaque étape faisait partie d'une évasion minutieusement planifiée. Pourtant, le destin avait un autre scénario pour Oswald en ce jour fatidique.

L'officier Tippit, un serviteur public dévoué, s'est involontairement mis sur la route d'Oswald. La voiture de police s'est arrêtée à côté de la figure énigmatique. *"Puis-je vous parler une minute ?"* Tippit aurait pu demander, sa voix calme mais autoritaire. Au lieu de la conformité, Tippit a été confronté à une défiance mortelle. Oswald a sorti son revolver .38 avec la rapidité d'un serpent enroulé prêt à frapper, tirant plusieurs balles sur l'officier sans méfiance.

Le bruit des coups de feu a résonné à travers le quartier, attirant l'attention des résidents. Un silence glacial a suivi alors que Tippit tombait au sol, ses yeux sans vie fixant l'abîme. Oswald, sans un second regard, a fui la scène, ses pas longs et précipités, alors qu'il cherchait refuge face à la loi qui se rapprochait de lui.

Treize témoins sont sortis de leurs maisons et de leurs entreprises, attirés par le tumulte et l'horreur qui se déroulaient devant eux. Ils ont vu l'homme avec le revolver, certains assez près pour remarquer son apparence négligée et son comportement frénétique. Un témoin a utilisé la radio de la voiture de police pour signaler la mort de l'officier et décrire le meurtrier. Le soir venu, cinq de ces témoins participeraient à des séances d'identification de la police, identifiant Oswald comme l'homme qui avait brutalement tué Tippit.

La nouvelle a crépité sur les radios de la police, une annonce brutale qu'un des leurs avait été abattu. Les officiers ont convergé vers la scène, la gravité de la situation lourde dans leurs cœurs. Le sacrifice de Tippit était un rappel brutal des dangers auxquels ils étaient confrontés quotidiennement, maintenant magnifiés sous l'ombre de l'assassinat du Président.

La chasse à l'homme pour Oswald s'intensifia, chaque coin de la ville étant désormais une cachette potentielle pour l'assassin. L'air vibrait de tension, les radios diffusant des mises à jour alors que les forces de l'ordre, motivées par la perte de leur camarade, fouillaient les rues avec un nouvel élan. La mort tragique de l'officier Tippit marquait un autre chapitre sombre dans une journée déjà empreinte de tristesse et de chaos.

Pour l'officier Tippit, son devoir l'a conduit à une fin prématurée, ses derniers moments témoignant de son engagement inébranlable à protéger et servir. Son nom a rejoint la liste de ceux qui sont tombés en service, son héritage étroitement lié au bouleversement historique qui a secoué le monde en ce jour fatidique de novembre 1963.

Le départ de Johnson pour Love Field.

Date : Vendredi, 22 novembre 1963.

Heure : 13h26.
Ville : Dallas.
État : Texas.

Le personnel de l'hôpital, dans une atmosphère d'activité médicale frénétique et de tourmente émotionnelle, a tenté de se conformer à la loi de l'État du Texas en initiant une autopsie. Cependant, les agents du Secret Service, déterminés à transporter le corps du Président à Washington, D.C., sont intervenus. Une confrontation tendue a eu lieu entre les responsables locaux et les agents fédéraux. Finalement, le Secret Service a prévalu, et le corps du Président sera placé dans un cercueil et transporté hors de l'hôpital vers Air Force One, marquant un départ solennel de Dallas.

13h26 : Lyndon Johnson quitte l'hôpital Parkland Memorial pour Love Field. Johnson, protégé par Rufus Youngblood, était assis dans une voiture conduite par Jesse Curry. Le véhicule transportait d'autres personnalités éminentes - les congressistes Albert Thomas et Homer Thornberry - chaque homme accablé par la gravité des événements de la journée. La voiture se dirigeait rapidement vers Love Field, où Air Force One attendait, ses moteurs en contraste frappant avec les murmures étouffés d'incrédulité qui enveloppaient Dallas.

Dans un autre véhicule, Lady Bird Johnson, son visage un masque d'émotion contrôlée, était accompagnée du député Jack Brooks et de trois membres du Secret Service. Le convoi, un défilé sombre, comprenait une troisième voiture transportant Jack Valenti, Lem Johns, Cliff Carter et Cecil Stoughton. Ces hommes, normalement des figures de l'arrière-plan dans la tapisserie du pouvoir, étaient maintenant propulsés sous les projecteurs, chacune de leurs actions témoignant de la résilience d'une nation en deuil.

L'air à Dallas était chargé d'un sentiment d'urgence et de confusion. À l'intérieur des limites de l'hôpital Parkland Memorial, l'atmosphère était tendue et incrédule. Le vice-président, Lyndon Johnson, maintenant propulsé sous les feux de la rampe du destin, a été escorté hors de l'hôpital au milieu d'une nuée d'agents du Secret Service. Leurs visages, habituellement stoïques, trahissaient la gravité du moment.

Johnson se déplaçait rapidement, le poids des événements de la journée pesant sur lui à chaque pas. Ses yeux, normalement calmes et posés, scintillaient d'un mélange de détermination et de choc. Les couloirs de l'hôpital, habituellement animés par l'activité médicale routinière, étaient maintenant étrangement silencieux, à l'exception des pas précipités occasionnels du personnel médical et de sécurité.

Alors que Johnson quittait l'hôpital, le soleil de midi projetait des ombres nettes sur le parking. Le convoi de voitures noires, non marquées, était prêt, leurs moteurs ronronnant, en contraste frappant avec le chaos silencieux qui se déroulait à l'intérieur. Johnson a été rapidement conduit dans l'un des véhicules, son comportement maintenant un mélange d'urgence et de résolution solennelle.

Le trajet vers Love Field a été rapide, l'activité habituelle de la ville remplacée par un calme presque surréaliste. Les sirènes, généralement source d'alarme, ont été silencieuses à la demande de Johnson, la voiture traversant les rues avec une détermination silencieuse. La vue des drapeaux déjà abaissés à mi-mât était un rappel choquant de la tragédie nationale qui venait de se dérouler.

Annonce de la Maison Blanche sur la mort du Président John F. Kennedy.

Date : Vendredi, 22 novembre 1963.

Heure : 13h33.
Ville : Dallas.
État : Texas

À précisément 13h33, l'assistant du secrétaire de presse de la Maison Blanche, Malcolm Kilduff, son visage un masque de chagrin et d'épuisement, se tenait devant la presse rassemblée. L'atmosphère de l'hôpital, déjà lourde d'anxiété, s'est encore plus chargée alors que les journalistes se préparaient pour l'annonce officielle. Kilduff, sa voix stable mais chargée d'émotion, a délivré la nouvelle qui résonnerait à travers l'histoire.

"Mesdames et messieurs," commença-t-il, ses mots tranchant le silence comme un couteau, *"le Président des États-Unis est mort."*.

La pièce semblait expirer collectivement, l'énormité de la perte s'installant. Dehors, le soleil continuait de briller, indifférent à la tragédie qui se déroulait à l'intérieur des murs de l'hôpital. Le monde avait changé de manière irrévocable en un instant, et ceux présents pouvaient à peine comprendre l'ampleur de ce qui venait de se passer.

Kilduff, un homme généralement réservé et composé, a eu du mal à maintenir son professionnalisme face à une telle calamité personnelle et nationale. Il a détaillé les efforts valeureux de l'équipe médicale, qui avait travaillé sans relâche pour réanimer le Président. Malgré leur expertise et leur dévouement, les blessures étaient trop graves. Le Président avait été déclaré mort à 13h00, mais l'annonce officielle est arrivée trente-trois minutes plus tard, assurant que tous les protocoles étaient respectés et que tous les membres de la famille immédiate étaient informés.

La presse, aguerrie et cynique, se tenait dans un silence stupéfait. Les appareils photo cliquetaient, capturant la douleur brute et le choc gravés sur chaque visage. Les journalistes griffonnaient furieusement dans leurs carnets, essayant de transmettre la gravité du moment à une nation qui serait bientôt plongée dans le deuil.

À l'extérieur, la foule qui s'était rassemblée dans l'espoir et la crainte a commencé à pleurer ouvertement lorsque la nouvelle s'est répandue. Le drapeau américain à l'hôpital Parkland Memorial Hospital flottait en berne, un symbole sombre du chagrin d'une nation. En quelques minutes, l'histoire a été diffusée à travers le monde, une annonce brutale qui a résonné dans les foyers et les cœurs.

Ainsi, à 13h33 le 22 novembre 1963, le monde a appris le décès du président John F. Kennedy, un événement qui restera à jamais gravé dans les annales de l'histoire.

Les Derniers Pas d'un Fugitif.

Date : Vendredi, 22 novembre 1963.

Heure : 13h35.
Ville : Dallas.
État : Texas.

13h35 : Après avoir tué Tippit, Oswald a été vu se dirigeant à pied vers le Texas Theatre sur West Jefferson Boulevard. Son souffle était court, venant par saccades, alors qu'il jetait des regards furtifs par-dessus son épaule, sa paranoïa se nourrissant du lointain hurlement des sirènes de police.

Le chemin étroit le mena au-delà de rangées de modestes entreprises, chaque devanture de magasin étant un témoin silencieux de sa fuite. Le cœur d'Oswald battait dans sa poitrine, un rythme frénétique qui correspondait au rythme de ses pas précipités. Son visage, luisant de sueur, affichait une expression tendue, ses yeux se déplaçant nerveusement alors qu'il cherchait un refuge face à l'approche de la tempête des forces de l'ordre.

Johnny Calvin Brewer, le gérant du magasin de chaussures Hardy's, se tenait à l'entrée de sa boutique, une cigarette pendante à ses lèvres. Il observait Oswald avec une suspicion grandissante. L'homme devant lui semblait déplacé, ses mouvements trop rapides, trop délibérés. Alors que Brewer observait, Oswald détourna son visage de la rue, tentant de dissimuler son identité alors que les voitures de police se rapprochaient, leurs sirènes étant un rappel sinistre du chaos qui s'était déroulé plus tôt.

La curiosité de Brewer s'est transformée en détermination lorsqu'il a décidé de suivre l'inconnu. Il avançait prudemment, ses pas faisant écho à ceux d'Oswald alors qu'ils approchaient du « Texas Theatre ». La grande marquise du cinéma se dressait devant eux, ses lumières formant un contraste criard avec la tension qui flottait dans l'air. Oswald s'est glissé à l'entrée du cinéma, contournant la billetterie où Julie Postal, l'employée, était momentanément distraite.

À l'intérieur du hall faiblement éclairé, l'atmosphère contrastait fortement avec le chaos lumineux à l'extérieur. L'odeur du pop-corn et les sons étouffés d'un film jouant en arrière-plan créaient un sentiment presque surréaliste de normalité. Mais pour Oswald, il n'y avait pas de répit. Il se déplaçait rapidement à travers les ombres, cherchant un endroit pour se cacher parmi les rangées de sièges vides.

Brewer, qui n'est pas du genre à se laisser décourager, est entré dans le cinéma à la poursuite. Il s'est approché de Postal, expliquant ses soupçons et l'incitant à appeler la police. Ses yeux se sont élargis avec un mélange de peur et de détermination alors qu'elle décrochait le téléphone, ses doigts tremblants légèrement alors qu'elle composait le numéro.

Les minutes qui ont suivi étaient un flou de tension et d'anticipation. Brewer gardait une surveillance vigilante, ses yeux balayant l'intérieur sombre du cinéma. La police est arrivée rapidement.

L'arrestation de l'assassin de JFK dans un cinéma de Dallas.

Date : Vendredi, 22 novembre 1963.

Heure : 13h50.
Ville : Dallas.
État : Texas.

L'heure était de 1h50 de l'après-midi lors d'une journée tendue et fatidique à Dallas. Lee Harvey Oswald était assis dans le cinéma faiblement éclairé, son cœur battant au rythme des images clignotantes sur l'écran. Il était extrêmement conscient de l'étau qui se resserrait autour de lui au fur et à mesure que les minutes passaient. Dehors, la rue était animée par le hurlement des sirènes de police, les pas précipités des officiers et les murmures des spectateurs. Johnny Brewer, le vigilant gérant du magasin de chaussures Hardy's, avait suivi Oswald depuis son magasin, sentant la gravité de ses actions et en informant Julie Postal, la caissière du cinéma, qui à son tour a alerté la police de Dallas.

La réponse de la police a été rapide. En quelques instants, 15 officiers avaient encerclé le cinéma, leur présence formant un contraste frappant avec la façade calme du bâtiment. La tension montait alors qu'ils se préparaient à intervenir, chaque officier étant parfaitement conscient des enjeux. À l'intérieur, le film continuait de jouer, inconscient du drame qui se déroulait entre ses murs.

La tentative d'arrestation a été rapide et chaotique. Alors que les officiers s'approchaient d'Oswald, il a bondi de son siège, les yeux écarquillés avec une lueur sauvage et désespérée. Il a lutté violemment, sa peur se traduisant par de l'agressivité. *"Eh bien, tout est fini maintenant !"* a-t-il crié, un mélange de résignation et de défi dans sa voix. Le cinéma, qui avait été quelques instants auparavant un sanctuaire de normalité, était maintenant l'épicentre d'une lutte qui serait bientôt diffusée à toute la nation.

238

Oswald résista avec une férocité qui démentait sa petite carrure. Il frappa et donna des coups de pied, chaque coup étant une tentative vaine de changer le cours du destin. Les officiers luttèrent avec lui, leur formation et leur nombre surpassant son énergie frénétique. Un officier, dans le feu de l'action, sortit son arme, et Oswald, sentant la fin imminente, essaya de la lui arracher. La bagarre fut brève mais intense, le bruit des corps qui se heurtent et la respiration laborieuse remplissant l'espace.

La scène était un microcosme du grand tumulte qui secouait le pays - un moment où le passé et le futur se croisaient, où les actions d'un homme avaient des répercussions sur des millions de personnes. Les officiers ont finalement maîtrisé Oswald, sa résistance se terminant aussi brusquement qu'elle avait commencé. Il a été menotté, son esprit rebelle maintenant apaisé, et conduit hors du cinéma. La lumière du jour à l'extérieur semblait plus dure, la réalité de sa situation plus crue sous le soleil impitoyable.

L'arrestation était terminée, mais les ramifications ne faisaient que commencer. Alors qu'Oswald était emmené, les questions ont commencé à tourbillonner - sur ses motivations, ses connexions et les implications plus larges de ses actions. Le cinéma est revenu à sa routine, les sièges encore chauds de la brève mais intense rencontre, l'écran scintillant avec des histoires bien éloignées de celle qui venait de se dérouler en son sein.

Le voyage du corps de Kennedy vers Air Force One.

Date : Vendredi, 22 novembre 1963.

Heure : 14h00.
Ville : Dallas.
État : Texas.

À 14h00 : Le corps du président John F. Kennedy reposait solennellement dans une chambre d'hôpital, en attente de son dernier voyage. L'assistant spécial du président, Ken O'Donnell, se tenait résolu, son visage un masque de détermination d'acier et de chagrin. À ses côtés se trouvaient des membres du Secret Service, tout aussi sombres, leur devoir s'étendant désormais au-delà de la protection d'un président vivant pour garantir la dignité de leur leader tombé.

L'air s'est alourdi d'un sens palpable d'urgence et de conflit. Les médecins, y compris le médecin légiste Earl Rose, ont tenu bon dans leur obligation légale de mener un examen médico-légal avant que le corps puisse être déplacé. La loi texane stipulait qu'en cas d'homicide, le corps ne devait pas être déplacé avant qu'une autopsie ait été effectuée par le médecin légiste du comté. Rose, soutenu par un juge de paix, a vivement plaidé pour le respect de ce protocole, soulignant la nécessité d'une enquête approfondie pour déterminer la cause précise de la mort.

Ken O'Donnell, soutenu par le Secret Service, a insisté pour un départ immédiat vers Washington. Le conflit était intense, les voix s'élevant dans l'espace confiné, reflétant les enjeux élevés et les émotions à vif. *"Nous ramenons le Président à la maison"*, a déclaré O'Donnell, sa voix tranchant la tension. Les agents du Secret Service, leurs expressions inflexibles, se préparaient à respecter les souhaits de Mme Kennedy, qui refusait de quitter le côté de son mari.

La confrontation a atteint son apogée lorsque O'Donnell et les agents se sont opposés aux autorités locales. La pièce était un champ de bataille de volontés, où les obligations légales entraient en collision avec l'autorité fédérale et le chagrin personnel. Malgré l'échange houleux, la décision a été prise. Le corps du président Kennedy serait déplacé, défiant la loi de l'État du Texas, pour répondre à un impératif moral et symbolique supérieur.

Dans une procession sombre, le cercueil, drapé du drapeau américain, a été sorti de l'hôpital. La vue était à la fois déchirante et solennelle, un puissant témoignage de la gravité des événements de la journée. Le retrait du corps de Kennedy a marqué un moment poignant de défiance et de révérence, une reconnaissance collective de la nécessité de ramener le président déchu à la capitale de sa nation.

Alors que le cortège se dirigeait vers Love Field, les rues étaient bordées de spectateurs silencieux, leurs visages reflétant un mélange de choc, de tristesse et de respect. Le voyage vers Air Force One n'était pas seulement un déplacement physique mais une transition symbolique, portant avec lui le poids du deuil d'une nation et le fardeau des responsabilités imminentes. Le cercueil a été doucement chargé sur Air Force One.

Résultats du Test à la Paraffine de la Police.

Date : Vendredi, 22 novembre 1963.

Heure : 14h00.
Ville : Dallas.
État : Texas.

À 14h00, dans une petite salle stérile du département de police de Dallas, les résultats des tests à la paraffine sont arrivés, confirmant que Lee Harvey Oswald avait récemment tiré avec une arme à feu. L'air était chargé de tension et de l'odeur piquante des produits chimiques alors que les techniciens examinaient les moulages à la paraffine. Ces moulages, d'un blanc spectral, portaient les résidus révélateurs de poudre à canon, un témoignage silencieux mais accablant des actions d'Oswald plus tôt dans la journée.

Des détectives et des officiers remplissaient la pièce, leurs visages marqués par un mélange de satisfaction sombre et le poids de la responsabilité. La confirmation était un élément crucial dans le puzzle qui se formait rapidement des événements tragiques de la journée. Alors que la réalisation s'installait, il y avait un changement palpable dans la pièce ; les preuves contre Oswald s'accumulaient, et le récit de l'assassinat commençait à prendre forme.

À l'extérieur du quartier général de la police, Dallas était une ville en ébullition. Les rues bourdonnaient de l'énergie frénétique des journalistes, des forces de l'ordre et d'un public sous le choc. Chaque instant semblait s'étirer indéfiniment, rempli d'un profond sentiment d'incrédulité et de deuil.

Au milieu de ce chaos, les résultats du test à la paraffine étaient un fait brut et froid. Ils contrastaient avec les émotions tourbillonnantes, une confirmation clinique qui s'ajoutait au corpus de preuves rapidement croissant contre Oswald. Le poids de ces résultats n'était pas perdu pour ceux qui étaient présents ; ils comprenaient que ce n'était pas qu'une simple procédure technique - c'était un pas vers la justice, aussi douloureux et complexe que ce chemin puisse être.

La nouvelle des résultats du test se répandrait bientôt, atteignant les oreilles de ceux qui étaient déjà aux prises avec l'énormité des événements de la journée. Dans les maisons, les bureaux et les espaces publics, les gens apprendraient que l'homme accusé d'avoir tiré sur le président Kennedy et l'officier Tippit avait effectivement utilisé une arme. C'était un fait qui s'inscrirait dans la conscience collective, un sombre repère dans la chronologie de ce jour fatidique.

Le film d'Abraham Zapruder.

Date : Vendredi, 22 novembre 1963.

Heure : 14h10.
Ville : Dallas.
État : Texas.

À précisément 14h10, Abraham Zapruder est entré par les portes de WFAA-TV à Dallas. Le poids de ce qu'il portait avec lui - un film qui a capturé l'assassinat brutal du président John F. Kennedy - pesait lourdement dans l'air. Zapruder, encore sous le choc des événements horribles de la matinée, a été projeté dans l'éblouissement brutal des projecteurs de télévision et les interrogations urgentes des journalistes.

Le studio était un véritable bourdonnement d'activité. Les journalistes se précipitaient, les téléphones sonnaient sans cesse, et le sens palpable de l'urgence était presque accablant. L'air frais et pur de la salle de rédaction contrastait fortement avec les émotions chaotiques qui y tourbillonnaient. Zapruder, visiblement ébranlé, fut conduit à une chaise devant la caméra, ses mains tremblant légèrement alors qu'il s'asseyait. Ses yeux, grands ouverts et hantés, parlaient de l'indicible tragédie qu'il avait été témoin.

L'interview a commencé, et la voix de Zapruder, bien que stable, portait les tremblements de son épreuve récente. Il a raconté comment il s'était rendu à Dealey Plaza pour filmer le cortège présidentiel avec sa caméra 8mm Bell & Howell, se tenant sur un piédestal en béton pour avoir une vue dégagée. Ses mots ont peint une image vivante de la foule joyeuse, de la place ensoleillée, et du mouvement lent et délibéré du cortège alors qu'il approchait.

Alors qu'il décrivait les moments précédant l'assassinat, un silence tomba sur la salle de rédaction. Les journalistes, habituellement endurcis par le flot incessant de nouvelles, se retrouvèrent pris dans l'émotion brute du récit de Zapruder. Il parla du premier coup de feu, un bruit qui semblait déplacé, suivi de l'horrible prise de conscience alors que les tirs suivants retentissaient, chacun d'eux un coup de marteau porté au cœur de la nation.

Le film de Zapruder avait tout capturé dans les moindres détails agonisants - la limousine du président entrant en vue, les moments de confusion, et le dernier coup dévastateur. Alors qu'il parlait, il revivait chaque image, sa voix se brisant sous le poids des souvenirs. Les intervieweurs, normalement composés, ont eu du mal à maintenir leur détachement professionnel. La gravité des images que Zapruder avait capturées n'était perdue pour personne présent.

En arrière-plan, des techniciens travaillaient frénétiquement pour traiter le film, conscients que son contenu deviendrait bientôt une pièce cruciale de preuve historique. Le film, encore chaud du projecteur, était manipulé avec le plus grand soin, chaque image scrutée et préservée. Les images qu'il contenait seraient bientôt diffusées à une nation en deuil, un enregistrement austère et inébranlable de la tragédie qui s'était déroulée.

Alors que l'interview touchait à sa fin, Zapruder a été doucement éloigné de la caméra. Son rôle dans la documentation de l'assassinat était loin d'être terminé, mais pour l'instant, il avait besoin d'un moment pour se ressaisir. La salle de rédaction, momentanément figée par son récit bouleversant, a lentement repris son rythme effréné, chaque personne consciente qu'ils étaient en train d'assister à l'histoire en train de se faire.

Découverte de l'Arme du Meurtre.

Date : Vendredi, 22 novembre 1963.

Heure : 14h13.
Ville : Dallas.
État : Texas.

À précisément 14h13, l'atmosphère au sein du Texas School Book Depository était électrique de tension. Le bâtiment, désormais un point focal de l'enquête, avait été transformé en un labyrinthe d'officiers de police fouillant méticuleusement chaque recoin. L'air était épais de poussière et du parfum subtil de papier vieilli, un contraste frappant avec la précision froide et nette avec laquelle les officiers travaillaient.

Au sixième étage, au milieu d'une mer de boîtes empilées haut comme des sentinelles, une découverte a été faite. Un officier, lampe de poche à la main, a aperçu l'éclat du métal dépassant d'un tas de manuels scolaires. Là, nichée dans les ombres, se trouvait l'arme qui avait mis fin à la vie du président John F. Kennedy - un fusil à verrou Carcano modèle 91/38 de 6,5 mm.

Le fusil, froid et inflexible, semblait presque inoffensif à première vue. Pourtant, l'importance de cette découverte était incommensurable. Alors qu'il était soigneusement extrait de sa cachette, les officiers étaient parfaitement conscients de la gravité du moment. Cet instrument de mort, manipulé avec le plus grand soin, était à la fois une pièce à conviction et un présage de la tragédie qui s'était déroulée quelques heures plus tôt.

Le sixième étage, habituellement un lieu d'activité banale, portait maintenant le poids silencieux de l'histoire. Les particules de poussière, illuminées par la lumière oblique de l'après-midi, dansaient autour des officiers alors qu'ils documentaient la scène. Le fusil, maintenant étiqueté et emballé, a été placé dans la collection de preuves avec le respect qu'il exigeait. Il avait été positionné sur un nid de tireur d'élite improvisé, un arrangement grossier de boîtes qui offrait une ligne de vue dégagée sur Elm Street en dessous.

À l'intérieur, les officiers ont poursuivi leur recherche, leurs mouvements étant méthodiques et délibérés. Chaque détail, chaque fragment de preuve, était méticuleusement catalogué. La découverte du fusil était un élément crucial du puzzle, mais le travail était loin d'être terminé. Chaque boîte, chaque crevasse, était scrutée pour des indices supplémentaires qui pourraient éclairer les événements menant à l'assassinat.

Le numéro de série du fusil a été noté, et le chemin qu'il a emprunté pour finir dans le Dépôt serait bientôt retracé. Cette arme, autrefois un outil de guerre, avait trouvé son chemin entre les mains d'un assassin, et la piste qu'elle a laissée derrière elle serait une partie vitale pour démêler la plus grande conspiration.

Alors que les officiers travaillaient, l'importance de leur découverte ne leur échappait pas. Ce fusil, silencieux maintenant, avait parlé dans le langage de la violence et de la mort. Son corps froid et métallique était un témoignage de la fragilité de la vie et de la fin soudaine et brutale qui avait frappé le dirigeant de la nation.

Interrogation de Lee Harvey Oswald.

Date : Vendredi, 22 novembre 1963.

Heure : 14h30.
Ville : Dallas.
État : Texas.

À 14h30, la salle d'interrogatoire faiblement éclairée du quartier général de la police de Dallas bourdonnait d'une énergie tendue et palpable. Lee Harvey Oswald, l'homme au centre du crime le plus choquant de la nation, était assis avec défi sur sa chaise, ses yeux clignotant d'un mélange de mépris et de fatigue.

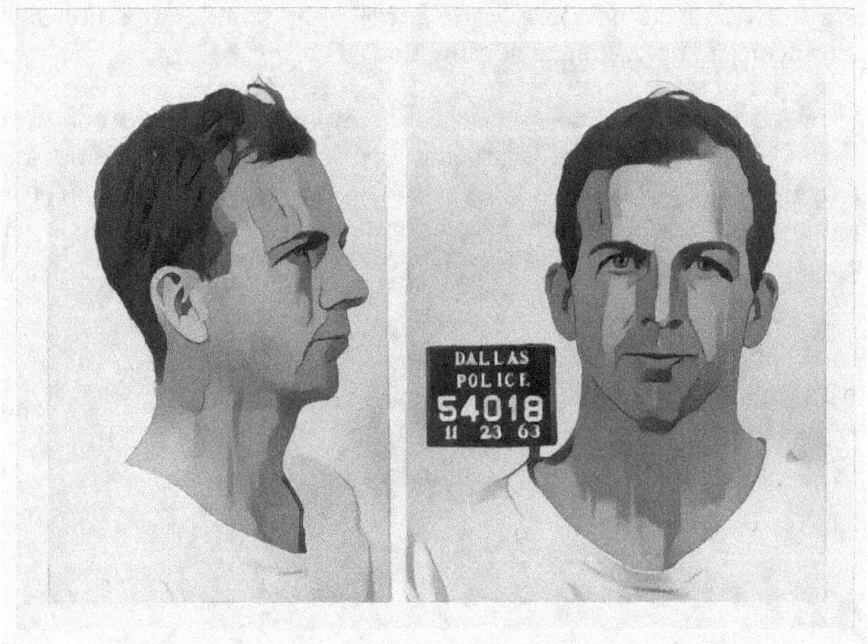

La pièce était austère, ses murs d'un ton gris terne, éclairés par la lueur dure d'une seule lumière au plafond. Les détectives faisaient les cent pas, leurs voix mélangeant des exigences sévères et des tons persuasifs, mais Oswald restait largement impassible. Son visage émacié et ses yeux creux trahissaient son épuisement, mais son esprit semblait inébranlable.

Tout au long des heures, les dénégations d'Oswald avaient été inébranlables. *"Je n'ai rien à voir avec l'assassinat"*, insistait-il à plusieurs reprises, sa voix devenant un mantra monotone face au barrage d'accusations. Les détectives, de plus en plus frustrés, ont poussé plus fort, lui présentant une série de photographies accablantes.

Une image en particulier lui a été présentée - une photographie en noir et blanc d'Oswald, debout dans une cour, tenant un fusil. L'arme, un Carcano modèle 91/38 de 6,5 mm, était du même type que celle supposée avoir été utilisée lors de l'assassinat. Les détectives ont observé attentivement pour détecter tout signe de culpabilité, mais la réaction d'Oswald a été inattendue.

Il ricana, un sourire cynique tordant ses lèvres. *"Des photographies truquées"*, se moqua-t-il, sa voix empreinte de mépris. *"Prises par la police, superposées avec un fusil et un revolver."* Sa revendication de manipulation photographique était audacieuse, une affirmation audacieuse face à des preuves apparemment irréfutables. Les détectives échangèrent des regards, un mélange d'incrédulité et de frustration. L'homme devant eux était soit un maître de la tromperie, soit un individu profondément délirant.

L'interrogatoire a continué, chaque question étant une tentative d'investigation pour percer le mur de dénégations d'Oswald. Mais au fur et à mesure que les minutes passaient, ses réponses devenaient plus courtes, plus évasives. Le rictus autrefois défiant avait été remplacé par un silence stoïque, ses yeux fixés sur un point indéterminé de la pièce. Il avait décidé d'arrêter de répondre, se réfugiant dans une forteresse de silence que les détectives trouvaient impénétrable.

À l'extérieur de la salle d'interrogatoire, le quartier général de la police bourdonnait d'activité. Les journalistes se bousculaient pour obtenir une place, impatients d'obtenir le moindre morceau d'information sur l'homme qui aurait prétendument brisé l'innocence de la nation. L'air était épais de fumée de cigarette et du murmure bas des conversations précipitées, le bâtiment étant un foyer d'énergie chaotique.

De retour à l'intérieur, les détectives se sont regroupés, leur frustration évidente. Ils espéraient faire craquer Oswald, pour obtenir une confession qui permettrait de résoudre les points non résolus de l'affaire. Au lieu de cela, ils se retrouvaient avec un homme qui semblait devenir de plus en plus impénétrable à chaque minute qui passait.

Le refus d'Oswald de coopérer n'était pas seulement un acte de défiance ; c'était un mouvement calculé pour maintenir le contrôle. Dans une situation où il avait si peu de pouvoir, son silence était son arme, son rictus un bouclier contre les sondages incessants des détectives. La photographie, censée être l'arme du crime, a été rejetée d'un geste de la main, un geste qui en disait long sur son état d'esprit.

Alors que la séance touchait à sa fin, les détectives se retrouvaient avec plus de questions que de réponses. Oswald fut ramené à sa cellule, son expression indéchiffrable. La porte se referma bruyamment derrière lui, le son résonnant dans le couloir stérile. Il était de nouveau seul, ses pensées pour seule compagnie.

Dans les heures qui ont suivi, l'interrogatoire a été disséqué et analysé, chaque mot et geste scruté pour un sens caché. Mais pour l'instant, les détectives devaient faire face à la dure réalité que l'homme qu'ils croyaient être l'assassin n'allait pas leur faciliter la tâche. Lee Harvey Oswald, avec ses ricanements et ses silences, leur avait laissé un casse-tête - un homme enveloppé de mystère, son véritable rôle dans les événements de la journée restant toujours enveloppé d'incertitude.

Le serment de Johnson à bord de Air Force One.

Date : Vendredi, 22 novembre 1963.

Heure : 14h38.
Ville : Dallas.
État : Texas.

L'arrivée de Johnson à Love Field a marqué un moment crucial. Les marches menant à Air Force One se dressaient devant lui, chaque marche le rapprochant davantage des responsabilités désormais placées sur ses épaules. Alors qu'il montait, la réalité de son nouveau rôle de président commençait à se cristalliser. En haut des escaliers, il s'est arrêté brièvement, réfléchissant silencieusement avant de monter à bord de l'avion - un moment à la fois poignant et profond.

Alors que Air Force One commençait à rouler vers la piste, un silence tomba sur la foule rassemblée à l'aéroport. Journalistes, officiels et spectateurs regardaient avec le cœur lourd, comprenant que ce départ marquait la fin d'une ère. L'ascension de l'avion était lente et délibérée, comme si le poids de sa cargaison sombre le rendait réticent à quitter le sol.

À l'intérieur d'Air Force One, les préparatifs étaient déjà en cours. L'objectif immédiat de Johnson était clair : assurer une transition du pouvoir sans heurts et s'adresser à la nation. Les arrangements précipités mais précis pour la cérémonie d'investiture soulignaient l'urgence de la situation.

Pendant le vol de retour à Washington, Johnson prêtera serment, devenant le 36ème Président des États-Unis. À ses côtés se tenait Jackie, toujours dans sa tenue tachée de sang. Lorsque Lady Bird Johnson lui a demandé si elle souhaitait se changer, Jackie a répondu : *"Non, je veux qu'ils voient ce qu'ils ont fait"*. La cérémonie a eu lieu dans l'exiguïté de l'avion présidentiel, avec une Bible empruntée à la table de chevet de la chambre de l'avion. 14h38 : La juge Sarah T. Hughes a administré le serment, devenant la première femme à faire prêter serment à un président américain.

"Répétez après moi", commença Hughes, sa voix se stabilisant alors qu'elle prononçait le serment d'investiture. La voix de Johnson, ferme mais portant le courant sous-jacent de la tristesse du jour, résonnait à travers l'avion. *"Je jure solennellement que j'exécuterai fidèlement la fonction de Président des États-Unis, et que je ferai de mon mieux pour préserver, protéger et défendre la Constitution des États-Unis."*.

Alors que les derniers mots étaient prononcés, un souffle collectif semblait être libéré à l'intérieur de la cabine. Johnson était maintenant le Président, propulsé dans un rôle qu'il n'avait ni attendu ni désiré dans de telles circonstances tragiques. Le serment terminé, il se tourna vers sa femme et ceux qui étaient rassemblés, son expression étant un mélange de détermination et de profonde tristesse.

À l'extérieur, le monde continuait de tourner, inconscient du tremblement de terre personnel et politique qui venait de se produire à l'intérieur de l'avion. Dans ce cocon aérien de pouvoir, le manteau du leadership avait été transmis dans un acte aussi silencieux et profond que le tournage d'une page dans un livre d'histoire.

Johnson savait que le chemin à venir était semé de dangers et d'incertitudes. La nation était en deuil, son cœur brisé par la violence qui avait abattu son président bien-aimé. Pourtant, au milieu du chagrin, il y avait une lueur d'espoir - une conviction que le nouveau président les mènerait à travers les ténèbres vers une nouvelle aube. Le voyage de guérison et d'unité était sur le point de commencer, un pas solennel à la fois.

Autour de Johnson se trouvaient 28 personnes, y compris des membres de son personnel immédiat, des agents du Secret Service, des conseillers proches et quelques représentants du Congrès. Ils se pressaient dans l'espace étroit, se tenant épaule contre épaule, leurs visages reflétant un mélange de chagrin, de choc et de détermination. L'atmosphère était empreinte d'une profonde tristesse et d'un devoir solennel, alors que ceux présents assistaient à la transition historique et sombre du pouvoir.

Le vol de retour vers Washington était chargé d'un lourd silence. Johnson, désormais officiellement le Président, était assis au milieu de son équipe, le poids de leur chagrin collectif palpable. L'immensité du ciel à l'extérieur des fenêtres de l'avion semblait faire écho aux vastes incertitudes qui se profilaient à l'horizon.

Tristesse et Choc à bord d'Air Force One.

Date : Vendredi, 22 novembre 1963.

Heure : 14h47.
Ville : Dallas.
État : Texas

À l'intérieur de l'avion, l'atmosphère était lourde de tristesse et de choc. Le président Lyndon B. Johnson, fraîchement assermenté, restait silencieux, son esprit luttant avec le changement monumental qui l'avait propulsé au plus haut poste du pays dans les circonstances les plus éprouvantes. Il était flanqué d'agents du Secret Service, leurs visages sévères et vigilants, toujours alertes aux menaces inconnues qui pourraient encore se cacher dans l'ombre.

Lady Bird Johnson était assise tout près, sa main reposant doucement sur le bras de son mari, offrant un soutien silencieux alors qu'ils naviguaient tous deux dans les eaux émotionnelles turbulentes. La cabine était remplie de conversations murmurées, les tons feutrés de ceux qui venaient d'assister à un tournant sombre de l'histoire et qui avaient maintenant la responsabilité de guider le pays à travers ses conséquences.

Le cercueil du président défunt, drapé dans le drapeau américain, a été soigneusement sécurisé dans la partie arrière de l'avion. C'était un rappel émouvant du coût du leadership et de la fragilité de la vie humaine. Les étoiles et les rayures du drapeau flottaient doucement dans la brise artificielle de la cabine, un hommage silencieux à l'héritage de John F. Kennedy.

Dans le cockpit, les pilotes ont échangé des confirmations professionnelles mais modérées, guidant l'avion dans le ciel bleu clair. L'horizon de Dallas s'estompa en dessous, la scène de la tragédie n'étant désormais qu'un flou lointain, mais indélébilement gravée dans la mémoire de ceux à bord.

Au sol, la ville de Dallas luttait avec sa nouvelle identité en tant que site de la douleur de la nation. Les rues autrefois animées par l'excitation pour le cortège présidentiel étaient maintenant immobiles, comme si toute la ville retenait son souffle en deuil. Dealey Plaza, l'épicentre de l'horreur, était bouclée, les enquêteurs fouillant méticuleusement les preuves dans une quête de réponses.

Pendant ce temps, dans le ciel, Air Force One maintenait son cap régulier vers l'est, son voyage faisant le pont entre l'angoisse de Dallas et la solennité qui attendait à Washington, D.C. La capitale de la nation se préparait déjà pour le retour de son leader tombé, son propre rythme ralenti par le poids du deuil collectif.

Les passagers à bord d'Air Force One étaient laissés à leurs pensées, le silence n'étant interrompu que par le bourdonnement des moteurs et le murmure occasionnel de la communication. Chaque individu luttait avec ses propres réflexions sur les événements de la journée, la violence insensée qui avait volé un président, et le chemin incertain à venir.

Dans l'esprit de ceux à bord, des questions tourbillonnaient. Comment expliqueraient-ils cela au peuple américain ? Comment pourraient-ils honorer la mémoire de Kennedy tout en guidant le pays vers l'avant ? Qu'est-ce qui les attendait après une telle perte profonde ?

Des heures plus tard, alors qu'Air Force One descendait vers la base aérienne d'Andrews, la réalité de leur arrivée se profilait. Le cercueil serait accueilli avec une précision militaire, la nation regardant son leader être porté hors de l'avion pour la dernière fois. Le poids du devoir pesait sur Johnson et ses aides, sachant que les yeux du monde étaient braqués sur eux.

Les roues ont touché le sol avec un léger choc, l'avion ralentissant jusqu'à l'arrêt. Le voyage de Dallas à Washington était terminé, mais la route à venir était longue et semée d'embûches. Lorsque les portes d'Air Force One se sont ouvertes, un nouveau chapitre de l'histoire américaine

257

a commencé, marqué par la perte mais animé par la résilience d'une nation déterminée à persévérer.

Dans ces moments, sous le crépuscule grandissant, l'héritage de John F. Kennedy a pris son envol une fois de plus, porté par les cœurs et les esprits de ceux qui sont restés, leurs esprits indomptés malgré l'ombre portée par ce jour fatidique de novembre.

Lee est Accusé de "Meurtre avec Préméditation" pour la Mort de Tippit.

Date : Vendredi, 22 novembre 1963.

Heure : 19h05.
Ville : Dallas.
État : Texas.

À précisément 19h05, l'accusation a été portée. Lee Harvey Oswald, un nom désormais gravé dans l'infamie, a été accusé de "meurtre avec préméditation" dans l'assassinat brutal de l'officier de police J.D. Tippit. L'accusation était aussi grave que la nuit était sombre, signalant le début d'un processus juridique qui chercherait à démêler le réseau d'actions et de motivations entourant les événements de la journée.

Oswald, un homme à la disposition énigmatique, avait été appréhendé plus tôt dans la journée. Sa capture est survenue peu de temps après que l'officier Tippit ait été abattu dans le quartier d'Oak Cliff, une banlieue soudainement propulsée sous les projecteurs nationaux. Tippit, accomplissant son devoir à la suite de l'assassinat du président, avait arrêté Oswald pour l'interroger. Ce qui s'est passé ensuite a été une succession rapide de coups de feu, une confrontation qui a mis fin à la vie de Tippit et a préparé le terrain pour l'arrestation d'Oswald.

L'accusation de "meurtre avec préméditation" a été prononcée avec une solennité à la hauteur de la gravité de la situation. Au Texas, cette accusation impliquait la lourdeur de la préméditation et de l'intention, présentant Oswald non seulement comme un suspect, mais comme un homme qui avait agi avec une réflexion délibérée. La formulation de l'accusation a résonné à travers le commissariat, un rappel frappant de la violence qui avait brisé tant de vies ce jour-là.

Le comportement d'Oswald pendant cette période était impénétrable. Il a maintenu son innocence, se proclamant un "patsy" dans une conspiration plus large. Sa position défiant, couplée avec les rumeurs tourbillonnantes d'intrigue internationale et d'affiliations

259

communistes, n'a fait qu'ajouter des couches de complexité à une affaire déjà alambiquée. L'accusation contre lui pour le meurtre de Tippit était une pièce cruciale du puzzle, une ancre juridique au milieu de la tempête spéculative.

Le cadre du commissariat ce soir-là était celui d'un chaos contrôlé. Les journalistes se bousculaient pour obtenir des informations, leurs demandes urgentes se mêlant au bavardage procédural des forces de l'ordre. Les lumières fluorescentes jetaient une lumière crue sur les visages fatigués des officiers qui avaient travaillé sans relâche depuis que le Président avait été abattu. Le sentiment d'urgence était palpable, les couloirs remplis des échos de pas précipités et de conversations murmurées.

David Johnston, le juge de paix, a joué un rôle crucial dans ces procédures. C'est lui qui a formellement accepté la plainte, un rituel juridique qui transformait les accusations en charges formelles. La présence de Johnston a conféré une atmosphère de solennité et d'ordre à l'environnement chaotique. Ses actions étaient une étape nécessaire pour garantir que la justice, dans sa forme procédurale, commençait à suivre son cours.

L'accusation de "meurtre avec préméditation" contre Oswald n'était pas simplement une formalité procédurale ; c'était une déclaration que les rouages de la justice étaient en marche. Dans les jours à venir, cette accusation serait scrutée, débattue et disséquée par des experts juridiques, des journalistes et un public en deuil. C'était un moment critique dans une affaire qui était déjà devenue l'une des plus importantes de l'histoire américaine.

Au fur et à mesure que la soirée avançait, les implications de l'accusation commençaient à s'imposer. Pour les officiers du Dallas Police Department, cela marquait une étape significative dans leur enquête. Pour le public, c'était un moment de clarté et de confusion, un point où le récit des événements tragiques de la journée commençait à prendre une forme plus définie.

L'autopsie de John F. Kennedy.

Date : Vendredi, 22 novembre 1963.

Heure : 20h00.
Ville : Bethesda.
État : Maryland.

Dans l'environnement stérile et lumineux de l'hôpital naval de Bethesda, un silence lourd s'est installé lorsque l'horloge a sonné 20h00. La douleur de la nation avait atteint un crescendo avec le retour du corps du président John F. Kennedy à Washington, D.C. Maintenant, dans la banlieue tranquille de Bethesda, Maryland, le processus méticuleux de compréhension du coût physique de ce jour fatidique allait commencer.

Le corps du président Kennedy est arrivé à l'hôpital sous haute sécurité, une procession solennelle qui soulignait l'importance du moment. L'équipe médicale, dirigée par le Dr James J. Humes, avait pour mission de réaliser l'autopsie. Le Dr J. Thornton Boswell et le Dr Pierre A. Finck se sont joints à lui, apportant chacun leur expertise à la tâche ardue qui les attendait. Leur objectif était clair : découvrir la nature précise des blessures qui avaient coûté la vie au 35ème président des États-Unis.

La procédure a commencé par un examen initial, révélant deux blessures par balle majeures : une à la tête et une autre au haut du dos. La blessure à la tête, catastrophique et clairement mortelle, avait pénétré l'arrière du crâne du président et était sortie par le côté droit, causant des dommages considérables au cerveau et au crâne. Cette blessure seule aurait suffi à mettre fin à sa vie.

La deuxième blessure, située dans le haut du dos, juste en dessous du cou, était tout aussi significative. La balle avait traversé la partie supérieure du torse de Kennedy, sortant par sa gorge. Cette blessure avait semé la confusion parmi le personnel médical de l'Hôpital Mémorial de Parkland à Dallas, où une trachéotomie d'urgence avait été effectuée, obscurcissant involontairement le point de sortie de la balle.

Au fur et à mesure que l'autopsie progressait, l'atmosphère dans la pièce devenait de plus en plus tendue. Les implications de chaque découverte pesaient lourdement sur l'équipe médicale. Chaque incision, chaque mesure était minutieusement documentée, sachant que leur travail serait scruté pendant des années à venir. Les résultats ont confirmé les évaluations initiales : Kennedy avait été touché par deux balles, chacune tirée de haut en bas et par derrière.

À l'extérieur de l'hôpital, le monde retenait son souffle. La nouvelle de l'assassinat avait plongé la nation dans le deuil, et les détails de l'autopsie qui se déroulait allaient bientôt alimenter une myriade de questions et de théories du complot. Les sceptiques souligneraient les incohérences perçues, la précipitation de la procédure, et la gestion du corps du président et des preuves. Les photos et les radiographies prises lors de l'autopsie sont devenues des éléments centraux de cette controverse, les critiques soutenant qu'elles ne concordaient pas avec le compte rendu officiel.

Malgré les doutes persistants et le lourd fardeau de leur tâche, le Dr Humes et ses collègues sont restés concentrés. Ils savaient que l'importance de leur travail dépassait les découvertes médicales - il s'agissait de fournir un compte rendu définitif d'un moment qui avait irrévocablement changé le cours de l'histoire américaine. Alors que l'autopsie touchait à sa fin aux premières heures du 23 novembre, l'équipe avait reconstitué les derniers moments de la vie de John F. Kennedy.

Les résultats de l'autopsie ont été une confirmation sombre de ce que beaucoup craignaient. Le président avait été victime des balles d'un assassin, sa vie brutalement interrompue dans un moment de violence qui a résonné à travers la nation et le monde. Le travail méticuleux de l'équipe d'autopsie de l'hôpital naval de Bethesda a fourni une clarté cruciale, bien que macabre, dans les conséquences immédiates d'un événement qui restera à jamais gravé dans les annales de l'histoire.

Lee Harvey Oswald, l'homme officiellement accusé du meurtre du Président.

Date : Vendredi, 22 novembre 1963.

Heure : 23h26.
Ville : Dallas.
État : Texas.

Dans le silence sinistre du département de police de Dallas, sous les lumières fluorescentes implacables, l'air crépitait sous le poids de l'histoire. Dehors, le pouls de la ville était irrégulier, pulsant sous les ondes de choc de la violence sans précédent de la journée. Entre ces murs, un autre chapitre de cette sombre histoire était sur le point d'être inscrit, un moment imprégné à la fois de gravité et d'urgence.

L'heure était de 23h26, tard selon les normes conventionnelles, mais dans ce crépuscule surréaliste, le temps semblait élastique, étiré par les traumatismes de la journée. C'est à ce moment précis que Lee Harvey Oswald, l'homme pris dans la toile du crime le plus odieux du siècle, a été officiellement accusé du meurtre du président John F. Kennedy.

Oswald, une figure déjà entachée d'infamie, se tenait dans la luminosité crue de la salle d'interrogatoire. L'accusation a été annoncée avec une solennité à la hauteur de la gravité de l'accusation. "Meurtre avec malveillance" étaient les mots utilisés, des mots qui tranchaient le silence avec la netteté d'une lame. L'expression parlait non seulement de l'acte, mais aussi de l'intention, suggérant une malveillance préméditée derrière les coups de feu mortels tirés depuis le Texas School Book Depository plus tôt ce jour-là.

L'atmosphère dans le poste de police était électrique, chargée de la présence des responsables de l'application de la loi, des journalistes et du murmure occasionnel de conjectures. Chaque coin semblait bourdonner des échos de pas précipités et du murmure bas des conversations tenues à voix basse. Les lumières fluorescentes projetaient une lumière dure, illuminant les lignes de fatigue gravées profondément sur les visages de ceux qui avaient été témoins des événements tragiques de la journée.

David L. Johnston, le juge de paix, était celui qui a officialisé la chose. Son rôle, bien que procédural, était crucial, transformant le tourbillon chaotique d'accusations et de soupçons en une accusation formelle. Le comportement de Johnston était posé, mais la gravité de la situation était indéniable dans chacun de ses gestes. Ce n'était pas une affaire ordinaire ; c'était le début d'une odyssée juridique qui captiverait et déconcerterait la nation.

La réaction d'Oswald à l'accusation était impénétrable. Il avait maintenu une attitude de défi, proclamant son innocence avec un ferveur qui contredisait les preuves s'accumulant contre lui. *"Je suis juste un bouc émissaire"*, avait-il déclaré plus tôt, une affirmation qui n'a guère influencé les esprits déterminés des autorités. Maintenant, alors que les mots "meurtre avec malveillance" flottaient dans l'air, il restait silencieux, son destin inévitablement lié aux événements qui s'étaient déroulés à Dealey Plaza.

La nature procédurale de l'accusation n'a guère atténué son impact. C'était un moment crucial, un point où le chemin de la justice croisait le labyrinthe des théories du complot et du chagrin public. Pour les officiers impliqués, cela marquait une étape significative dans leur poursuite incessante de la vérité et de la responsabilité. Pour le public, c'était un moment de clarté et de confusion, une ancre au milieu de la tempête de spéculations qui avait suivi l'assassinat.

Au fur et à mesure que la nuit s'approfondissait, l'importance du moment devenait de plus en plus évidente. L'accusation de "meurtre avec préméditation" contre Lee Harvey Oswald n'était pas qu'une simple formalité juridique ; c'était une déclaration que la justice serait poursuivie, que la loi chercherait à démêler les fils de cette sombre tapisserie. Les couloirs du département de police de Dallas, remplis des échos de ce jour fatidique, témoignaient silencieusement de la gravité de l'accusation, une accusation qui résonnerait à travers les annales de l'histoire.

La Veillée d'une Nation : Le Dernier Voyage de Kennedy à la Maison Blanche.

Date : Samedi, 23 novembre 1963.

Heure : 16h00.
Ville : Washington, D.C.
État : District de Columbia.

Sous les cieux sombres de Washington, D.C., la nation retenait son souffle. Le cercueil drapé du drapeau du président John F. Kennedy, porté par des porteurs militaires avec la gravité d'un enterrement d'État, a été amené dans la salle Est de la Maison Blanche. Cet espace sacré, généralement réservé aux moments de célébration nationale et à la solennité de l'État, est devenu un sanctuaire de deuil.

La Salle Est, ornée avec l'élégance digne d'une résidence présidentielle, a été transformée en un lieu de repos. Pendant 24 heures, le corps du président Kennedy a été exposé, permettant aux dignitaires et aux citoyens de rendre un dernier hommage au leader disparu. La pièce, habituellement remplie de la lumière du discours politique et des fonctions de l'État, portait maintenant le lourd poids du deuil national, l'air épais des prières silencieuses et des larmes d'une population en deuil.

À l'extérieur, le nouveau président, Lyndon B. Johnson, était confronté à la tâche monumentale de diriger une nation sous le choc. À 16h00, il s'adressa à la nation par le biais d'une diffusion radio et télévisée à l'échelle nationale, sa voix stable mais chargée de la tristesse des événements récents. Dans cette diffusion, il a émis la Proclamation présidentielle 3561, déclarant le lundi 25 novembre, jour de deuil national. Ce jour-là, il a décrété, verrait la suspension de toutes les activités sauf celles nécessaires aux services d'urgence, exhortant la nation à se joindre à lui pour honorer la mémoire de John F. Kennedy.

La proclamation a résonné à travers les ondes, un appel à l'unité et à la réflexion en un temps de chagrin sans précédent. Les mots de Johnson étaient mesurés et compatissants, reconnaissant la douleur de la perte tout en exhortant la nation à se rassembler dans son heure la plus sombre. La solennité du moment était soulignée par l'image du cercueil drapé du drapeau, un rappel poignant du leader qui avait été emporté trop tôt.

Dans la salle Est, la scène était empreinte de révérence. Le cercueil, orné du drapeau américain, se dressait comme un symbole du service et du sacrifice de Kennedy. Des arrangements floraux, simples mais élégants, encadraient le cercueil, leur parfum se mêlant à l'atmosphère sombre. La pièce était silencieuse, le silence n'étant brisé que de temps à autre par les pas discrets de ceux qui étaient venus rendre hommage.

Parmi ceux qui ont rendu visite se trouvaient des membres de la famille, des amis proches et des alliés politiques, chacun apportant son chagrin privé dans l'espace public. Jacqueline Kennedy, la Première Dame, avec sa grâce et sa force de caractère habituelles, veillait au chevet de son mari. Sa présence, stoïque et composée, incarnait la force dont la nation avait besoin de voir en cette période de deuil. Elle était une figure de résilience silencieuse, chacun de ses mouvements témoignant de sa force intérieure face à la tristesse accablante.

L'imagerie de la East Room, avec ses hauts plafonds et son importance historique, contrastait fortement avec l'émotion brute du moment. Les lustres, habituellement scintillants sous la lumière de la célébration, semblaient diffuser une lueur plus douce, plus mélancolique. Les portraits des anciens présidents regardaient solennellement, comme s'ils reconnaissaient la gravité de l'occasion.

À l'extérieur, la ville de Washington reflétait la solennité intérieure. Les rues qui grouillaient habituellement d'activités gouvernementales et de la vie quotidienne étaient calmes, comme si la ville elle-même s'était arrêtée pour pleurer. Les drapeaux étaient en berne, une représentation visuelle du deuil collectif ressenti à travers la nation. L'air était lourd du poids de la perte, chaque coin de la ville touché par la tristesse du moment.

Alors que la nuit tombait, la salle Est restait un phare de réflexion silencieuse. Le flux constant de personnes en deuil continuait, leurs visages marqués par la tristesse d'une perte personnelle et nationale. Chaque personne qui entrait dans la pièce apportait avec elle ses propres souvenirs de Kennedy, son propre sens de ce qui avait été perdu. L'air était rempli des conversations silencieuses du deuil, chaque personne en deuil se connectant avec le président tombé à leur manière.

La proclamation de Lyndon B. Johnson avait donné le ton pour les jours à venir. La Journée nationale de deuil verrait le pays s'arrêter, alors que les Américains de tous horizons prenaient le temps de se souvenir et d'honorer leur leader disparu. C'était un appel à l'unité en temps de division, un rappel qu'en face de la tragédie, la force d'une nation réside dans sa capacité à se rassembler.

Dans la salle Est de la Maison Blanche, sous les yeux attentifs de l'histoire, le président Kennedy reposait. Son dernier voyage l'avait ramené au cœur de la nation qu'il avait servie, son héritage désormais entrelacé avec le tissu de l'histoire américaine. La veillée d'une nation se poursuivait, chaque instant un pas vers la guérison, chaque souvenir un hommage à la vie et au service de John F. Kennedy.

La Fin Choquante de Lee Harvey Oswald.

Date : Dimanche, 24 novembre 1963.

Heure : 11h21.
Ville : Dallas.
État : Texas.

Dans les sombres profondeurs du quartier général de la police de Dallas, un moment de haute tension se déroulait sous les yeux inébranlables des caméras de télévision en direct. Il était 11h21 du matin, et le monde regardait en temps réel les événements de ce dimanche fatidique prendre un tournant inattendu et violent.

Lee Harvey Oswald, la figure énigmatique au centre de l'assassinat tragique du président John F. Kennedy, était en train d'être transféré de la prison de la ville à la prison du comté. Entouré d'une foule de journalistes, de photographes et de responsables de l'application de la loi, les mouvements d'Oswald étaient sous un examen intense. L'atmosphère était électrique, chargée de l'anticipation d'une nation impatiente d'obtenir des réponses, de la justice et de la clôture.

Alors qu'Oswald était conduit à travers le sous-sol du quartier général de la police, une silhouette émergea de l'ombre. Jack Ruby, un propriétaire de boîte de nuit local avec des liens présumés avec le milieu, s'est avancé. Sa présence était incongrue au milieu des policiers et des journalistes, mais la gravité de son intention a été révélée en un instant.

Ruby s'est précipité vers Oswald, sortant un revolver de calibre .38. Le coup a retenti, un claquement aigu et assourdissant qui a résonné dans l'espace confiné. Oswald s'est effondré au sol, un regard de choc et de douleur gravé sur son visage. La scène était chaotique - les officiers se sont battus avec Ruby, des cris ont rempli l'air, et les caméras ont capturé chaque seconde éprouvante.

269

Les spectateurs, à la fois présents et ceux qui regardaient de loin, étaient stupéfaits. Ce n'était pas seulement un acte de violence ; c'était une exécution publique, réalisée dans le sous-sol d'un poste de police, diffusée en direct à travers la nation. Les motivations de Ruby ont été immédiatement remises en question. Était-ce un acte de vengeance, une tentative malavisée de se faire le héros, ou quelque chose de plus sombre et conspirateur ?

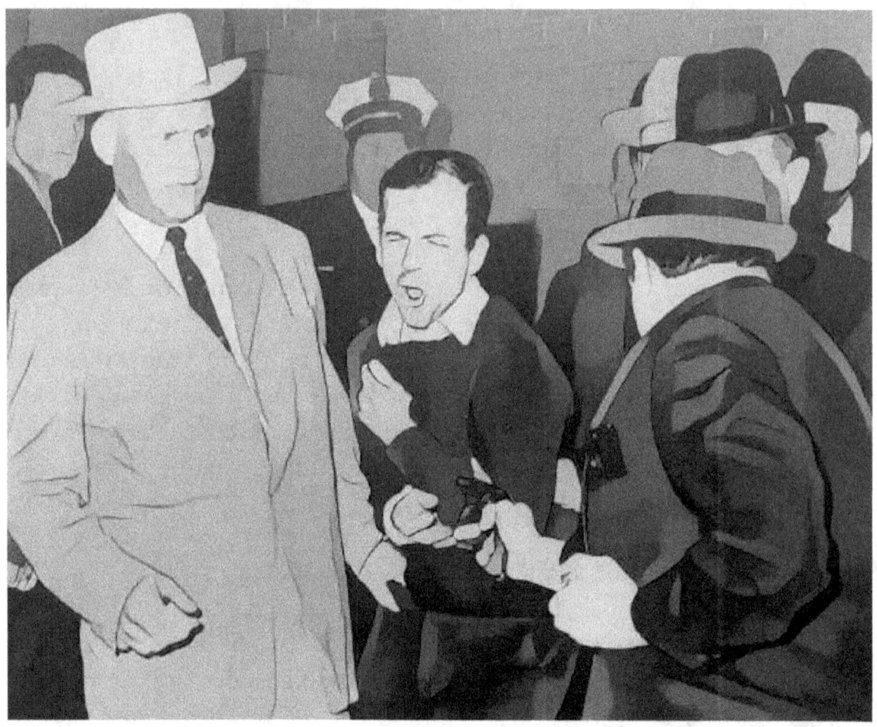

Inconscient et gravement blessé, Oswald a été rapidement placé dans une ambulance. La destination était l'hôpital Parkland Memorial, un lieu déjà marqué par la tragédie en tant que site où les médecins avaient tenté en vain de sauver le président Kennedy juste deux jours plus tôt. L'ironie était amère, le sentiment de l'histoire qui se répète, palpable.

L'ambulance a traversé à toute vitesse les rues de Dallas, l'urgence de sa mission soulignée par le hurlement des sirènes. À l'intérieur, le personnel médical travaillait frénétiquement pour stabiliser Oswald, mais les dégâts étaient graves. À son arrivée à Parkland, les efforts pour sauver sa vie ont reflété ceux entrepris pour Kennedy, mais le destin était inflexible.

À 13h07, Lee Harvey Oswald a été déclaré mort. L'homme accusé d'avoir assassiné le président des États-Unis a connu une fin violente, mettant définitivement fin à la possibilité pour lui de témoigner, d'expliquer, de répondre aux innombrables questions qui entouraient ses actions et ses motivations.

La scène à l'hôpital était empreinte d'une résignation sombre. Les journalistes et les officiels qui s'étaient précipités à Parkland après avoir entendu parler de la fusillade se tenaient maintenant en silence, leurs visages reflétant la gravité des événements de la journée. La mort d'Oswald, tout comme l'assassinat de Kennedy, alimenterait une spéculation sans fin, des théories et des débats.

De retour au quartier général de la police, Jack Ruby a été pris en garde à vue. Ses motivations sont restées un sujet de spéculation intense. Certains le voyaient comme un vengeur patriotique, d'autres comme un homme poussé par des forces plus sombres, peut-être cachées. Les propres déclarations de Ruby n'ont guère contribué à clarifier ses intentions, ajoutant des couches de complexité à un récit déjà alambiqué.

Alors que la nation luttait avec ces événements en cours, un sentiment d'incertitude et de tension non résolue persistait. L'assassinat du président Kennedy et le meurtre subséquent de son présumé assassin avaient plongé le pays dans un état de choc et de confusion collectifs. La quête de vérité et de compréhension ne faisait que commencer, maintenant ombragée par les questions sans réponse qui sont mortes avec Lee Harvey Oswald.

Ce moment, diffusé en direct dans les foyers de millions de personnes, serait gravé dans la conscience nationale. Il soulignait la fragilité de la vie humaine, l'imprévisibilité des événements et l'impact profond de la violence sur le cours de l'histoire. L'image des derniers moments d'Oswald, capturée sur film, servirait de rappel frappant des jours turbulents et tragiques de novembre 1963, une époque où le tissu de la société américaine a été irrévocablement modifié.

La Procession Finale : Le Voyage de Kennedy vers le Capitole.

Date : Dimanche, 24 novembre 1963.

Heure : Tout au long de la journée et de la nuit.
Ville : Washington, D.C.
État : District de Columbia.

Dans la solennité de ce matin frais de novembre, le cercueil du président John F. Kennedy, drapé dans le drapeau américain, a été transporté sur un caisson tiré par des chevaux de la Maison Blanche au Capitole. Ce cortège n'était pas seulement un mouvement d'État, mais un voyage lent et délibéré à travers le cœur d'une nation en deuil.

Le caisson avançait avec une cadence mesurée, le bruit sourd des sabots des chevaux résonnant sur les façades en pierre des grands bâtiments qui bordaient les rues. Les notes sombres d'un orchestre militaire accompagnaient le cortège, leur musique étant un hymne funèbre qui résonnait profondément dans l'âme des spectateurs. Le cercueil, orné des étoiles et des rayures, semblait symboliser le poids du chagrin de la nation.

Alors que le caisson approchait du Capitole, la rotonde se dressait majestueusement, un phare de la démocratie servant désormais de sanctuaire de deuil. Le Capitole était prêt à recevoir le président défunt, avec des porteurs militaires en attente solennelle. Leurs visages, marqués par des expressions de révérence stoïque, reflétaient la gravité de leur devoir.

Tout au long de la journée et jusque tard dans la nuit, des centaines de milliers de personnes se sont rassemblées pour rendre hommage. Ils ont formé des files qui s'étendaient bien au-delà du Capitole, une rivière silencieuse d'humanité qui se dirigeait vers la rotonde. Chaque personne, qu'il s'agisse d'un dignitaire ou d'un simple citoyen, apportait avec elle une part du deuil collectif qui avait enveloppé la nation. Le cercueil gardé se tenait comme une sentinelle d'honneur, surveillé par une veille

273

ininterrompue de gardes militaires, leur présence symbolisant la force et le respect durables du pays.

À l'intérieur de la rotonde, l'atmosphère était empreinte d'une révérence silencieuse. La haute coupole, habituellement résonnante des voix des législateurs et du bourdonnement du gouvernement, amplifiait maintenant les pas silencieux des endeuillés. La lumière filtrant à travers les vitraux jetait une douce lueur sur la scène, créant une ambiance presque éthérée. Le cercueil, placé au centre de cet espace grandiose, est devenu le point focal des adieux d'une nation.

Les gens se déplaçaient à travers la rotonde avec une révérence qui témoignait d'un profond respect et d'amour. Certains s'arrêtaient pour un moment de prière silencieuse, d'autres inclinaient simplement la tête en silence. Le poids de leur chagrin était palpable, chaque endeuillé se connectant avec le leader disparu à sa manière personnelle. C'était un témoignage de l'impact de Kennedy que tant de personnes se sentaient obligées de venir, de faire la queue pendant des heures juste pour un bref moment en sa présence.

Alors que la nuit tombait, la foule ne diminuait pas. Le flot constant de personnes en deuil continuait, leurs visages éclairés par la douce lueur des lumières du Capitole. C'était une veillée qui durerait 18 heures, avec un quart de million de personnes traversant la rotonde pour rendre un dernier hommage. Ce flux constant d'humanité était une puissante expression du deuil collectif de la nation, un hommage silencieux à un Président qui avait inspiré tant de gens.

Parmi les personnes en deuil se trouvaient des dirigeants politiques, des diplomates et des chefs d'État, chacun apportant leurs propres hommages et condoléances. Ils se mêlaient aux citoyens ordinaires, unis dans leur chagrin et leur respect. Les diverses origines de ceux qui sont venus reflétaient la large portée de l'influence de Kennedy, son héritage transcendant les frontières politiques et sociales.

Aux premières heures du matin, la rotonde a pris une atmosphère particulièrement poignante. Les chuchotements discrets de ceux qui attendaient, le doux bruissement des pieds et les sanglots étouffés occasionnels ont créé une symphonie de chagrin. Le cercueil gardé est resté le centre inébranlable de cette effusion d'émotion, un symbole d'une vie dédiée au service public et tragiquement écourtée.

Alors que l'aube approchait, les files d'attente ont finalement commencé à se raccourcir. La veillée touchait à sa fin, mais le sentiment de perte restait aussi profond que jamais. La nation s'était rassemblée dans une remarquable démonstration d'unité et de respect, honorant la mémoire de John F. Kennedy d'une manière à la fois grandiose et profondément personnelle.

La procession vers le Capitole, l'exposition du corps, et le flot incessant de personnes en deuil seraient rappelés comme un moment significatif de l'histoire américaine. C'était un jour où la nation s'est arrêtée, a réfléchi et a pleuré ensemble. Durant ces heures de deuil collectif, l'héritage du Président Kennedy a été fermement gravé dans le cœur des personnes qu'il avait servies.

Le Requiem pour un Leader Tombé.

Date : Lundi, 25 novembre 1963.

Heure : Tout au long de la journée.
Ville : Washington, D.C.
État : District de Columbia.

Le soleil s'est levé doucement sur Washington, D.C., jetant une teinte dorée sur la capitale de la nation. C'était un jour solennel, marqué par une révérence poignante qui enveloppait la ville. Les rues, habituellement animées par les activités de gouvernance, étaient silencieuses, comme si l'air même retenait son souffle en prévision des événements de la journée. Ce lundi était différent de tous les autres, car c'était le jour où la nation dirait adieu à son président bien-aimé, John F. Kennedy.

Les funérailles de Kennedy ont eu lieu à la cathédrale Saint-Matthew, un grand et vénérable édifice qui se dressait comme un témoignage de la résilience et de la foi de la nation. La cathédrale, avec ses flèches imposantes et ses vitraux complexes, semblait presque briller dans la lumière du matin, un phare d'espoir au milieu de la tristesse dominante.

À l'intérieur, l'atmosphère était lourde du poids de la perte. La cathédrale était remplie à sa capacité maximale avec 1 200 invités, une congrégation qui comprenait des dignitaires et des représentants de plus de 90 pays. L'assemblée était un témoignage de l'impact mondial de Kennedy, un rassemblement des dirigeants du monde unis dans le deuil et le respect. Chefs d'État, royauté et citoyens ordinaires se retrouvaient liés par un fil commun de deuil.

Le cardinal Richard Cushing, un ami de longue date de la famille Kennedy, a dirigé la messe de Requiem. Sa voix, stable mais empreinte d'émotion, résonnait dans les halls sacrés de la cathédrale. La liturgie était à la fois une célébration de la vie de Kennedy et une réflexion solennelle sur son départ prématuré. Les paroles du Cardinal, emplies d'espoir et de consolation, offraient une certaine consolation à ceux qui étaient rassemblés, bien que la douleur de la perte était palpable.

Au fur et à mesure que le service avançait, la réalité du moment s'installait sur la congrégation. La cathédrale, habituellement un lieu de prière silencieuse et de contemplation, était animée par les sanglots discrets des endeuillés et le doux bruissement des vêtements. Chaque instant de la messe semblait porter le poids du chagrin collectif de la nation, une tristesse partagée qui transcendait la perte individuelle.

Après la cérémonie, les personnes en deuil se sont lentement dirigées vers l'extérieur, où une procession les attendait. Le cercueil de Kennedy, toujours drapé du drapeau américain, a été soigneusement placé sur un caisson tiré par des chevaux. La procession sombre a commencé son voyage vers le cimetière national d'Arlington, le dernier lieu de repos pour les héros de la nation. Le caisson avançait à un rythme mesuré, le claquement rythmique des sabots des chevaux accompagnant solennellement l'hommage silencieux.

Le trajet vers Arlington était bordé de foules de personnes, chaque personne étant un témoin silencieux de ce moment historique. La foule, s'étendant à perte de vue, se tenait dans un silence respectueux, leurs visages reflétant une tristesse partagée. C'était comme si toute la nation s'était réunie en un seul geste unifié de respect et d'adieu. Lorsque le cercueil est passé devant sa femme Jacky et son fils John Kennedy Jr., son fils, âgé de 3 ans, a fait un salut militaire en guise d'adieu final de toute la nation.

À Arlington, la scène était d'une dignité austère. Le cimetière, avec ses rangées de pierres tombales blanches, offrait un décor approprié pour les derniers rites. La tombe de Kennedy, choisie pour sa vue sereine et dominante sur la capitale, était prête à le recevoir. La garde d'honneur militaire, leurs uniformes impeccables et leurs visages marqués par une détermination solennelle, a accompli ses devoirs avec précision et respect.

Les derniers moments de la cérémonie ont été marqués par un silence profond. Alors que le cercueil de Kennedy était descendu dans le sol, le silence n'était brisé que par le doux murmure des prières et le sanglot occasionnel d'un endeuillé. La flamme éternelle, allumée par Jacqueline Kennedy, vacillait doucement dans la brise, un symbole d'espoir et de souvenir durables.

L'enterrement à Arlington n'était pas seulement la fin d'un voyage, mais le début d'un héritage. Le lieu de sépulture deviendrait un lieu de pèlerinage, un site où les générations futures viendraient pour honorer la mémoire d'un président qui avait inspiré et dirigé avec vision et courage. La flamme, éternelle et inébranlable, servirait de rappel constant de l'impact durable de Kennedy sur la nation et le monde.

Alors que la journée touchait à sa fin, les endeuillés se dispersaient lentement, emportant chacun avec eux un morceau de la solennité du jour. Les rues de Washington, à nouveau baignées dans la lumière dorée du soir, étaient calmes. La ville, et en effet la nation, avait rendu ses derniers hommages à John F. Kennedy. Le souvenir de cette journée, remplie de tristesse et de révérence, resterait dans les cœurs et les esprits de tous ceux qui avaient assisté à la fin d'une époque et au début d'un héritage durable.

La condamnation de Jack Ruby.

Date : Samedi, 14 mars 1964.

Heure : Tout au long de la journée.
Ville : Dallas.
État : Texas.

Au cœur de Dallas, la ville encore sous le choc des événements sismiques du mois de novembre précédent, un autre chapitre de la saga s'est déroulé dans une salle d'audience chargée d'anticipation. La date était le 14 mars 1964, un jour qui apporterait une certaine forme de résolution à la narrative tumultueuse qui avait saisi la nation depuis l'assassinat du président John F. Kennedy.

L'accusé était Jack Ruby, un propriétaire de boîte de nuit dont l'acte de violence impulsif avait été diffusé en direct à un monde stupéfait. Ruby avait tiré et tué Lee Harvey Oswald, l'homme accusé d'avoir assassiné le président Kennedy, dans le sous-sol du quartier général de la police de Dallas. Maintenant, il comparaissait en procès, accusé de meurtre avec préméditation, une accusation qui portait le poids de la condamnation à la fois légale et morale.

La salle d'audience était bondée, chaque siège occupé par un mélange de journalistes, de curieux et de ceux qui avaient été intimement touchés par les événements entourant la mort de Kennedy. L'air était chargé de la tension du jugement imminent, le souffle collectif de ceux présents retenu dans l'anticipation.

Alors que les procédures commençaient, la gravité du moment était palpable. L'accusation a exposé son dossier avec une précision méticuleuse, dépeignant Ruby comme un homme qui avait agi avec une intention claire et une préméditation. La défense, en revanche, a cherché à le présenter comme un homme poussé par un moment d'intense bouleversement émotionnel, arguant que ses actions n'étaient pas le résultat d'un calcul froid mais d'une impulsion tragique et spontanée.

Tout au long du procès, Ruby lui-même est resté une figure de l'observation intense. Son comportement était modéré, ses expressions reflétant le poids de la situation. Le témoignage des témoins et la présentation des preuves ont formé une mosaïque de perspectives, chaque pièce ajoutant de la profondeur au portrait d'un homme dont les actions avaient irrévocablement modifié le cours de l'histoire.

Alors que le jury délibérait, l'atmosphère dans la salle d'audience devenait encore plus tendue. Les heures semblaient s'étirer en une éternité alors que ceux présents attendaient le verdict. Finalement, le président du jury se leva, et dans un moment qui semblait cristalliser toute la tension et le drame des derniers mois, le verdict fut lu : coupable de meurtre avec préméditation.

La sentence était sévère : la mort. Ruby, qui avait ôté une vie de manière si publique et choquante, était maintenant condamné à payer le prix ultime. Le tribunal bourdonnait des murmures de réaction, le mélange de soulagement et de tristesse reflétant les émotions complexes qui avaient été suscitées par l'affaire.

À l'extérieur du tribunal, la ville de Dallas semblait retenir son souffle. La nouvelle de la condamnation s'est rapidement répandue, suscitant des conversations et des réflexions à travers la nation. Pour beaucoup, le verdict a apporté un sentiment de clôture, une résolution juridique à un chapitre marqué par la violence et la perte. Pourtant, pour d'autres, il a soulevé d'autres questions sur la justice, le mobile et la véritable nature des événements qui s'étaient déroulés.

La condamnation de Ruby et sa sentence à mort ont ajouté une autre couche à la tapisserie déjà complexe de la saga de l'assassinat de Kennedy. C'était un moment qui encapsulait l'intersection de la justice et de la rétribution, une reconnaissance légale de la gravité de ses actions.

Alors que le soleil se couchait sur Dallas ce jour de mars, la ville - et en effet la nation - contemplait les implications du verdict du procès. Ruby, qui avait agi par ce qu'il prétendait être un sens du devoir et de l'émotion, faisait maintenant face à la dure réalité de son sort. Son histoire, entrelacée avec le récit tragique de l'assassinat de Kennedy, continuerait à provoquer le débat, la réflexion et l'analyse pour les années à venir.

Dans la salle d'audience, les échos du verdict persistaient, un rappel poignant des conséquences profondes des actions prises dans des moments de bouleversement émotionnel intense. Le procès de Jack Ruby, et sa condamnation subséquente, marquaient un tournant significatif dans la quête continue de compréhension et de justice à la suite de l'une des heures les plus sombres de l'Amérique.

Le verdict de la Commission Warren.

Date : Jeudi, 24 septembre 1964.

Heure : Tout au long de la journée.
Ville : Washington, D.C.
État : District de Columbia.

En ce jour, la Commission Warren s'est réunie pour présenter son rapport final. La ville, portant encore les cicatrices des événements tragiques de novembre précédent, se préparait maintenant aux conclusions de cette enquête approfondie. Le poids de l'anticipation était presque tangible, alors que la nation attendait les résultats qui, espérons-le, apporteraient clarté et résolution.

Le rapport de la Commission Warren, un imposant document de 888 pages, a été remis au président Lyndon B. Johnson avec le sérieux qui convient à une telle occasion monumentale. Ce rapport était l'aboutissement de mois d'enquête minutieuse, de nombreux témoignages et d'une analyse rigoureuse. Le document visait à éclairer les moments sombres du 22 novembre 1963, lorsque le président John F. Kennedy a été assassiné à Dallas, au Texas.

À l'intérieur des couloirs du pouvoir, l'atmosphère était un mélange de solennité et d'urgence. Les résultats seraient bientôt rendus publics, promettant de répondre à de nombreuses questions persistantes tout en suscitant inévitablement de nouveaux débats. Le rapport détaillait qu'un seul coup de feu avait blessé à la fois le président Kennedy et le gouverneur John Connally, tandis qu'un coup de feu subséquent avait mortellement touché Kennedy à la tête. La Commission a également conclu qu'un troisième coup de feu avait été tiré, bien qu'elle n'ait pas précisé l'ordre exact de ces tirs.

Alors que le rapport était remis au Président Johnson, un sentiment de finalité s'est installé sur les procédures. La Commission a conclu que Lee Harvey Oswald avait agi seul, tirant les trois coups de feu depuis son perchoir dans le Texas School Book Depository. Cette

283

conclusion était destinée à susciter un mélange de réactions, du soulagement au scepticisme, dans une nation déjà profondément divisée sur les événements de ce jour fatidique.

Le soleil était haut sur Washington lorsque les nouvelles du rapport ont commencé à se diffuser. Dans les bureaux, les maisons et les espaces publics, les gens discutaient des implications des résultats. La publication du rapport, prévue pour trois jours plus tard, permettrait à toute la nation de se plonger dans les détails qui jusqu'à présent avaient été confinés aux membres de la Commission et à quelques privilégiés.

Au fil des heures, la ville bourdonnait de l'effervescence de l'activité médiatique. Les journalistes se précipitaient pour obtenir des copies anticipées du rapport, impatients de décomposer les conclusions pour un public avide de réponses. Le récit qui a émergé était complexe, reflétant le réseau complexe de témoignages et de preuves que la Commission avait examiné.

Au Capitole, les couloirs résonnaient des pas des législateurs et des officiels qui s'étaient réunis pour discuter des implications du rapport. Les débats étaient passionnés, reflétant les émotions intenses que l'assassinat de Kennedy avait suscitées à travers le spectre politique. Certains saluaient le rapport comme un compte rendu complet et définitif, tandis que d'autres remettaient en question les conclusions, laissant entendre la possibilité de conspirations plus profondes et non découvertes.

Alors que la soirée tombait, les monuments de la ville étaient baignés dans la douce lueur du crépuscule. La journée avait été longue et ardue, marquée par le lourd fardeau de l'histoire. Le rapport de la Commission Warren, désormais entre les mains du président Johnson et bientôt dans le domaine public, représentait une étape significative dans le voyage de la nation vers la compréhension et la guérison.

Des familles à travers le pays se sont rassemblées autour de leurs télévisions et radios, absorbant les nouvelles du rapport. Le récit de cette sombre journée à Dallas était en train d'être réécrit, non pas avec des conjectures et des rumeurs, mais avec le poids des preuves documentées et de l'examen judiciaire. Le travail de la Commission, bien que conclu, résonnerait à travers les annales de l'histoire américaine, ses conclusions étant examinées, débattues et analysées pour les générations à venir.

Dans le calme de la soirée, le président Johnson réfléchissait au rapport, conscient de ses profondes implications. La nation qu'il dirigeait était marquée par le deuil et l'incertitude, mais aussi par un esprit résilient. Les conclusions de la Commission Warren étaient un témoignage de l'engagement du pays à découvrir la vérité, aussi complexe ou douloureuse qu'elle puisse être.

Alors que la ville s'installait dans le calme de la nuit, l'héritage des événements de la journée persistait. La Commission Warren avait présenté son verdict, un compte rendu détaillé de l'assassinat tragique qui avait secoué la nation. Le rapport, à la fois un document historique et un symbole de diligence judiciaire, marquait un moment crucial dans la quête continue de la nation pour la justice et la compréhension. En plus du rapport, 26 volumes d'audiences et d'expositions ont également été rendus publics peu de temps après. Cependant, de nombreux documents et preuves recueillis par la Commission n'ont pas été immédiatement disponibles. Certains de ces dossiers sont restés classifiés pendant plusieurs décennies.

Le Tir Accidentel : Un Revirement Tragique de l'Histoire.

Dans les suites de l'assassinat du président John F. Kennedy, le rapport final de la Commission Warren a révélé un récit complexe et déchirant. Alors que le compte rendu officiel concluait que Lee Harvey Oswald avait tiré trois coups de feu depuis le « Texas School Book Depository », tuant le président et blessant le gouverneur Connally, une théorie non officielle circulait, ajoutant une couche d'ironie tragique à l'événement.

La voiture de suivi du Secret Service, grouillant d'agents formés pour protéger le Président, avait été directement derrière la limousine de Kennedy ce jour fatidique. Parmi les agents se trouvaient John D. Ready, Clint Hill, Paul Landis et George Hickey. Chacun avait leur position désignée, destinée à fournir une réponse rapide à toute menace. Hill, chargé de protéger la Première Dame Jacqueline Kennedy, était particulièrement vigilant, ayant une vue claire du Président presque tout le temps.

Selon certains récits spéculatifs, c'est pendant le chaos qui a suivi les premiers coups de feu d'Oswald qu'un autre coup de feu, non intentionnel et tragique, aurait pu être tiré. La scène qui se déroulait à ce moment-là dans les rues de Dealey Plaza ressemblait davantage à un tableau chaotique qu'à une réalité ordonnée. Le cortège présidentiel, qui défilait à une allure tranquille, passa soudainement dans un état de frénésie lorsque le premier tir d'Oswald déchira l'air. Ce son dévastateur marqua le début d'une spirale de confusion. L'onde de choc se propagea à travers les véhicules qui composaient le cortège. Les agents du Service Secret, formés pour réagir instantanément face à toute menace, furent plongés dans un tourbillon d'action précipitée, réajustant leurs stratégies dans une situation d'une violence et d'une rapidité inouïes.

George Hickey, un agent des Services Secrets positionné dans la voiture de suivi, était l'un des hommes responsables de la sécurité rapprochée du président. Lorsque le premier coup de feu s'écrasa contre le véhicule présidentiel, Hickey n'hésita pas une seconde. Dans une réaction instinctive, il se précipita pour saisir un fusil AR-15, un modèle relativement rare parmi les armes utilisées par les agents, mais spécifiquement transporté lors de déplacements à haut risque, comme celui-ci. Ce fusil, d'une grande précision, était destiné à être un instrument de protection extrême, dans le cas où des circonstances imprévues exigeraient une intervention rapide et décisive. Pourtant, ce fusil ne fut jamais censé jouer un rôle aussi tragique.

Le cortège, ayant été soudainement perturbé par la violence du premier tir, accéléra brusquement. Un agent au volant, frappé par la panique et la nécessité de se protéger, appuya sur l'accélérateur, faisant filer la voiture à grande vitesse dans les rues de Dallas. La tension était palpable, l'air chargé de cette électricité inhabituelle qui précède une catastrophe imminente. Les agents, accrochés aux véhicules, furent secoués par l'impact des accélérations, tout comme les membres du personnel dans la voiture présidentielle. L'agent Hickey, positionné à l'arrière, fut emporté par cette secousse brutale, son corps perdant momentanément l'équilibre. Dans ce moment critique, avec la voiture qui tremblait sous la pression de la vitesse et des manœuvres désordonnées, Hickey perdit une fraction de seconde sa stabilité. Cette fraction de seconde, pourtant infime, allait s'avérer fatale pour la suite des événements.

Les témoignages qui circulent à propos de cet instant soulignent la confusion extrême qui régnait à l'intérieur de la voiture de suivi. Le fusil AR-15, fermement tenu dans les mains de Hickey, se balança sous l'effet du mouvement. En cherchant à se redresser, l'agent aurait perdu son contrôle sur l'arme, dont la détente se serait alors enfoncée accidentellement. Dans un contexte aussi incertain, où chaque geste semblait dicté par l'urgence et l'instinct, il est possible que le coup ait été tiré sans intention, sous l'effet de cette perte d'équilibre. Ce tir, alors qu'il était destiné à protéger, en aurait surpris plus d'un, car il aurait frappé la cible qu'il était supposé défendre. Une balle, venue d'une source insoupçonnée, aurait été envoyée à une vitesse fatale vers le président Kennedy.

Le moment fatidique où la balle atteignit Kennedy à l'arrière de la tête fut marqué par une violence inouïe, celle d'un impact soudain, d'une onde de choc qui traversa la scène. Les observateurs présents à Dealey Plaza, ceux qui étaient là, indifférents aux enjeux politiques mais témoins directs d'un moment d'histoire, auraient vu la limousine se figer un instant dans un silence sidérant. La silhouette du président, jusque-là encore vivante, fut percutée par cette fatalité, dont la source resta une énigme. La balle qui avait percé sa tête n'était pas celle d'Oswald. À cet instant précis, la vie du président bascula dans une sphère où les erreurs humaines, les circonstances imprévues et les réactions instinctives se mêlèrent dans un enchevêtrement tragique.

Les récits qui suggèrent que la balle fatale pourrait avoir été tirée par l'agent Hickey reposent sur une analyse minutieuse des événements survenus après le premier tir d'Oswald. La confusion générale qui régna après le premier coup de feu pourrait avoir créé les conditions idéales pour un accident de cette nature. Hickey, dont la mission était de protéger la vie du président, se retrouvait dans une position inconfortable. Perdu dans la tourmente du moment, pris dans l'urgence de la situation, il avait saisi son fusil AR-15 dans une tentative de riposte, mais tout se passa si vite, tout fut tellement imprévisible. Le fait que ce tir soit accidentel ne signifie pas que l'agent ait été négligent. Au contraire, il illustre la précarité d'une situation où des vies humaines sont en jeu et où chaque seconde compte.

Les conséquences de ces tirs, accidentel ou non, furent bien plus lourdes que ce que l'on pourrait imaginer dans le tumulte de l'instant. La troisième balle qui frappa Kennedy provoqua une blessure d'une telle gravité à la tête qu'il ne survécut pas. Dans les moments qui suivirent, un autre chaos s'empara des véhicules et des agents, mais aucun d'eux ne comprit immédiatement l'étendue du dommage. La mort du président, si elle était imputée à un seul tireur, Oswald, devenait soudainement plus complexe. Certains plaident que la balle qui causa cette blessure fatale ne venait pas de l'endroit que l'on pensait.

La théorie du tir accidentel par George Hickey, présentée dans Mortal Error (1992) par Howard Donahue et Bonar Menninger, suggère que la balle fatale n'a pas été tirée par Oswald, mais par l'agent des Services Secrets George Hickey. Positionné dans la voiture suiveuse, Hickey aurait saisi son fusil AR-15 après le premier tir d'Oswald, dans l'intention de protéger le président. Cependant, un arrêt brusque du cortège aurait déstabilisé l'agent, provoquant un tir accidentel. Les éléments à l'appui de cette hypothèse incluent le positionnement de Hickey dans la voiture, le mouvement soudain du convoi et les autopsies, qui révèlent que la balle fatale suivait une trajectoire différente de celles d'Oswald, suggérant une origine distincte. Ces facteurs renforcent l'idée d'une tragique erreur humaine dans un moment de confusion extrême.

Cette théorie, controversée et profondément déstabilisante, ne faisait pas partie des conclusions officielles de la Commission Warren, qui a fermement conclu qu'Oswald avait agi seul, tirant les trois coups de feu. Cependant, elle met en évidence les pressions intenses et les décisions prises en une fraction de seconde auxquelles ont été confrontés les agents du Secret Service ce jour-là, et comment un moment de malheureuse tragédie pourrait changer le cours de l'histoire.

Le rapport de la Commission Warren a détaillé les positions et les responsabilités des agents du Secret Service dans la voiture de suivi. L'agent Ready était sur le marchepied avant droit, chargé de protéger le flanc droit du Président. Landis était à l'arrière, tandis que Hill était positionné à l'avant gauche, avec une directive claire de protéger la Première Dame. Hickey était sur le siège arrière, où il avait un accès facile à l'armement stocké dans le véhicule.

Alors que le premier coup de feu résonnait à travers Dealey Plaza, Hill a réagi instantanément, se dirigeant vers la voiture du président. Le deuxième coup de feu a retenti, touchant Kennedy et Connally, exacerbant encore plus la panique. Au milieu de tout cela, Hickey, peut-être inexpérimenté avec l'AR-15, a réagi comme on lui avait appris à le faire, avec une action qui a involontairement contribué à l'issue tragique.

Ce récit souligne les couches de complexité et les erreurs humaines qui peuvent accompagner les moments de crise. Bien que le compte rendu officiel de la Commission Warren reste le document définitif, des théories alternatives comme celle-ci offrent un rappel poignant de la nature imprévisible de tels événements historiques. Ils reflètent l'immense fardeau porté par ceux chargés de protéger le Président et les conséquences tragiques qui peuvent découler d'une décision prise en une fraction de seconde sous une pression inimaginable.

Les agents du Secret Service impliqués ont finalement été reconnus pour avoir accompli leurs devoirs avec diligence et professionnalisme dans les circonstances. Cependant, l'ombre des événements de ce jour a continué de peser sur eux, un rappel sombre de la fragilité et de l'imprévisibilité de l'humain.

Dans le contexte plus large des conclusions de la Commission Warren, le rapport visait à fournir une compréhension exhaustive des événements, avec un détail méticuleux et une enquête exhaustive. Pourtant, ce sont les éléments humains, les moments de décision et les actions en une fraction de seconde, qui laissent souvent les marques les plus durables sur l'histoire. L'histoire de l'assassinat de Kennedy, avec toutes ses conclusions officielles et nuances spéculatives, reste un témoignage profond des complexités des actions humaines et de leurs conséquences à long terme.

L'Obscure Intersection de l'Amour et du Désespoir.

Le parcours de Lee Harvey Oswald jusqu'à ce moment fatidique au sommet du Texas School Book Depository a été pavé d'une série d'échecs et de promesses non tenues. Sa relation avec Marina, une jeune femme qui avait quitté sa maison en Union Soviétique pour être avec lui, était tendue par les dures réalités de leur vie aux États-Unis. Le profond malheur de Marina était un poids constant sur les épaules d'Oswald. Malgré de nombreuses tentatives pour obtenir un visa pour retourner en URSS, des obstacles bureaucratiques ont contrecarré chaque effort, laissant Marina désespérée et Oswald de plus en plus désolé.

Leur vie domestique était un champ de bataille d'attentes non satisfaites et de nostalgie persistante. L'isolement et le désespoir de Marina se reflétaient dans la frustration grandissante d'Oswald et son sentiment d'impuissance. Il se sentait responsable de son malheur, de son désir de rentrer chez elle qu'il ne pouvait pas satisfaire. Ce sentiment de culpabilité le rongeait, approfondissant son sentiment d'échec et le poussant vers une solution désespérée.

Les tentatives d'Oswald pour obtenir le soutien de l'ambassade soviétique, ses voyages à Mexico dans l'espoir d'obtenir les documents nécessaires, se sont tous soldés par un échec. Chaque rejet était un coup, non seulement à ses plans, mais aussi à son estime de soi. Ces revers ont aggravé ses frustrations, le conduisant à un état de profonde démoralisation. À ses yeux, chaque porte vers une vie meilleure pour lui et Marina semblait fermement fermée.

Dans cet état d'esprit sombre, Oswald en vint à voir l'assassinat du président John F. Kennedy comme une issue désespérée, une manière de trouver un sens à sa vie et, peut-être, de restaurer un semblant de contrôle sur son destin. Sa perception du monde, déjà marquée par un profond sentiment d'isolement et de rejet, le poussa à croire que cet acte extrême pourrait être la clé pour résoudre la situation désastreuse dans laquelle il se trouvait, notamment en ce qui concernait son épouse

Marina. Depuis son arrivée aux États-Unis, Oswald n'avait cessé de se heurter à des murs infranchissables. Son rêve d'une vie meilleure, de reconnaissance et d'appartenance à l'Union Soviétique semblait s'éloigner chaque jour davantage. Son idéal de contribuer à la cause socialiste, de trouver une place dans la société soviétique, s'était effondré sous le poids de la réalité : un mariage tumultueux, des tensions avec son entourage et une vie de plus en plus marquée par l'isolement et la frustration.

C'est dans cette spirale de désespoir que l'idée de commettre un acte aussi radical que l'assassinat du président prit forme. Pour Oswald, le geste de tuer Kennedy n'était pas seulement un acte de violence, mais une tentative désespérée de prouver sa loyauté envers l'Union Soviétique. Il pensait qu'un tel acte pourrait être interprété comme un acte de défiance à l'encontre des États-Unis et une démonstration de son engagement envers les idéaux communistes. Il croyait que l'assassinat d'un symbole de l'Amérique, du président lui-même, pourrait attirer l'attention des autorités soviétiques et, dans un monde où la reconnaissance et l'asile semblaient hors de portée, peut-être même lui offrir la protection qu'il convoitait depuis si longtemps. Dans son esprit tourmenté, un tel acte de violence pourrait être la preuve ultime de sa fidélité à la cause soviétique, et, en retour, il pourrait espérer un rapatriement, un accueil chaleureux, une protection et, enfin, à un nouvel avenir

L'élément clé de son raisonnement résidait dans sa profonde inquiétude pour Marina, son épouse russe. Le couple vivait une vie marquée par des tensions constantes, exacerbées par la difficile adaptation du couple à la société américaine, mais aussi par son désenchantement croissant envers l'URSS et les promesses qu'il avait cru trouver là-bas. Son mariage avec Marina se détériorait lentement, et la situation devenait de plus en plus insoutenable. Dans un dernier effort pour redonner un sens à son existence et à celle de sa famille, Oswald perçut l'assassinat de Kennedy comme une chance de tout changer. Il espérait qu'en faisant un tel geste, il pourrait non seulement trouver une issue pour lui-même, mais aussi offrir à Marina une possibilité de retour en URSS, loin des frustrations et des défis de leur vie en Amérique.

Ce plan, bien que malavisé et tragiquement erroné, était la conséquence d'un mélange complexe de désillusion politique, d'isolement personnel et de désespoir. Loin de chercher à être un héros, Oswald cherchait désespérément une issue à un enchevêtrement de problèmes personnels et idéologiques qu'il ne savait plus comment résoudre. Son choix d'assassiner Kennedy n'était pas seulement un acte de violence, mais une tentative désespérée de marquer son existence de manière significative, de se faire entendre dans un monde qui l'avait constamment ignoré. C'était un acte de rébellion, une quête de validation et, surtout, une tentative de donner un sens à une vie qu'il percevait comme étant dans une impasse totale. Dans son esprit, tuer le président représentait la dernière tentative de se libérer de l'oppression qu'il ressentait à la fois de la part de l'Amérique et de son propre échec à réaliser ses rêves, dans l'espoir d'un avenir dans lequel lui et sa famille pourraient enfin trouver un refuge, peut-être en Union Soviétique. Mais ce plan malheureux, fondé sur des rêves brisés et une désillusion politique, ne fit qu'accentuer la tragédie de sa propre existence et entraîner le pays tout entier dans une spirale de deuil et de confusion.

Alors qu'il se positionnait dans le Texas School Book Depository, l'esprit d'Oswald était un tourbillon d'émotions conflictuelles. Le fusil entre ses mains n'était pas seulement une arme, mais un symbole de son dernier espoir, son ultime pari pour changer le cours de sa vie et celle de Marina. Le cortège approchait, et avec lui venait le moment d'action irrévocable. Le doigt d'Oswald se resserra sur la gâchette, et les coups de feu qui retentirent ont à jamais modifié le cours de l'histoire.

Le premier tir a raté, mais le second a trouvé sa cible. Le chaos qui a suivi à Dealey Plaza était une manifestation du chaos interne qui avait poussé Oswald à ce point. Son acte, destiné à être un appel désespéré à la reconnaissance et à un avenir meilleur, a plutôt plongé la nation dans le deuil et l'incrédulité. Le président était mort, et avec lui, l'espoir de rédemption d'Oswald a également péri.

Capturé peu de temps après l'assassinat, le plan d'Oswald pour l'asile et la protection s'est rapidement dissous. Son acte de désespoir, destiné à prouver sa fidélité à l'Union soviétique et à assurer son avenir et celui de Marina, a plutôt conduit à son arrestation et à son meurtre ultérieur aux mains de Jack Ruby. L'amour et le désespoir qui avaient alimenté ses actions n'ont abouti qu'à la tragédie et à l'infamie.

Marina, laissée à gérer les conséquences des actions de son mari, est devenue veuve non seulement d'un homme mais aussi d'un rêve brisé. Les espoirs du couple d'une vie meilleure ont été enterrés aux côtés du corps de Kennedy, laissant derrière eux un héritage de tristesse et de perte.

La Commission Warren se pencherait plus tard sur les détails complexes de la vie et des motivations d'Oswald, essayant de reconstituer les raisons derrière sa décision catastrophique. Ils ont découvert le portrait d'un homme poussé par un mélange toxique d'échecs personnels, d'idéalisme politique et d'un amour profond pour sa femme. Les actions d'Oswald le 22 novembre 1963 n'étaient pas seulement une déclaration politique, mais un cri tragique d'un homme qui ne voyait pas d'autre issue.

Ce moment de l'histoire, marqué par un acte désespéré d'amour et de désespoir, se présente comme un rappel sombre des émotions humaines qui peuvent entraîner de telles actions profondes. La tentative de Lee Harvey Oswald d'assassiner JFK était une tentative malavisée pour un avenir meilleur, un acte désespéré qui a finalement conduit à l'une des plus grandes tragédies du 20ème siècle, gravée à jamais dans la mémoire collective du monde.

Conclusion.

Et si les événements tragiques du 22 novembre étaient, d'une part, dus à la profonde tristesse d'un homme cherchant un moyen de retourner en URSS avec sa femme, et d'autre part, causés par un tir fatal résultant de l'accélération brutale de la voiture du Secret Service alors que l'agent Hickey manipulait son fusil AR-15 ? Nous ne le saurons peut-être jamais !

Dans tous les cas, cet événement tragique a marqué à jamais la mémoire collective, et tout le monde vivant à cette époque se souviendra vivement de ce qu'ils faisaient à ce moment-là.

La théorie selon laquelle la balle qui a tué Kennedy a été tirée par un AR-15 est tirée du livre ***"Mortal Error: The Shot That Killed JFK"*** de Bonar Menninger, publié le 1er mars 1992. En 1967, Howard Donahue, un expert en armes à feu et en balistique, a commencé à enquêter sur l'assassinat du président John F. Kennedy. Ses recherches l'ont conduit à une conclusion choquante : Lee Harvey Oswald n'aurait pas pu tirer le coup de feu qui a brisé le crâne de Kennedy. Donahue était convaincu qu'il savait qui avait appuyé sur la gâchette et pourquoi cette tragique ironie était restée enfouie si longtemps. Il a également reconstitué d'où venait la balle et comment elle a été tirée. Dans ce livre, le journaliste primé Bonar Menninger relate l'enquête de 25 ans de Donahue sur la mort du président Kennedy et la révélation à laquelle elle l'a conduit.

Chère lectrice, cher lecteur,

Qu'avez-vous pensé ?

J'espère que vous avez autant apprécié cette aventure que j'ai pris plaisir à l'écrire. Si vous avez aimé ce livre, j'apprécierais grandement si vous pouviez laisser vos impressions dans un commentaire sur Amazon. Il suffit de scanner le code QR ci-dessous :

Je serais également ravi de recevoir vos commentaires directement. N'hésitez pas à me contacter par email à l'adresse suivante : contact@claudiobocchia.ch.

Vos commentaires et suggestions me sont précieux ; ils m'aident à m'améliorer constamment et à faire connaître ce livre à davantage de lecteurs.

Merci encore pour votre soutien et à bientôt pour de nouvelles aventures !

Meilleures salutations, Claudio Bocchia.

P.S. : Dernières sorties, événements, bonus, et plus encore. Recevez toutes mes mises à jour en vous abonnant à la newsletter : https://claudiobocchia.ch/newsletter.

Trouvez plus de livres du même éditeur Sigma Thotmes Publishing en scannant le code QR :.